节能减排税收政策研究

基于生态文明的视角

Study on Tax Policy of Energy Conservation and Emission Reduction

From the Perspective of Ecological Civilization

伍红 ◎ 著

图书在版编目（CIP）数据

节能减排税收政策研究：基于生态文明的视角/伍红著.—北京：经济管理出版社，2019.7

ISBN 978-7-5096-6746-0

Ⅰ.①节… Ⅱ.①伍… Ⅲ.①节能—税收管理—财政政策—研究—中国 Ⅳ.①F812.422

中国版本图书馆 CIP 数据核字（2019）第 143336 号

组稿编辑：申桂萍
责任编辑：申桂萍 赵 杰
责任印制：黄章平
责任校对：董杉珊

出版发行：经济管理出版社
（北京市海淀区北蜂窝 8 号中雅大厦 A 座 11 层 100038）
网　　址：www.E-mp.com.cn
电　　话：(010) 51915602
印　　刷：三河市延风印装有限公司
经　　销：新华书店
开　　本：720mm×1000mm/16
印　　张：11.5
字　　数：182 千字
版　　次：2019 年 8 月第 1 版　2019 年 8 月第 1 次印刷
书　　号：ISBN 978-7-5096-6746-0
定　　价：49.00 元

·版权所有　翻印必究·

凡购本社图书，如有印装错误，由本社读者服务部负责调换。
联系地址：北京阜外月坛北小街 2 号
电话：(010) 68022974　邮编：100836

前　言

　　党的十八大首提"美丽中国",党的十八届五中全会再提"绿色"发展理念。既要降低能源不足带来的压力,也要降低环境污染带来的压力,着眼于调节经济结构、转换经济发展的方式,努力走向低能耗排放、高效益产出这条发展之路。这既是转型升级的要求,也是实现中华崛起的必然之路。美丽中国、绿色发展要求我们做到节能减排,而节能减排要求各微观经济主体必须做到从根本上有效降低资源的消耗,尽可能地降低污染的排放。税收政策作为一种有效解决能源环境问题、推动节能减排的重要经济手段,怎样科学合理地通过税收政策来促进企业节能减排成为当前热议的课题。本书从我国节能减排的实际情况出发,对现有的税收政策进行细致深入的讨论,对节能减排所带来的税收政策效应进行实证分析与研究,并结合当前国外节能减排税收政策的实践与经验,提出了改进节能减排税收政策的建议。

　　其一,本书对生态文明视野下我国现行节能减排税收政策效应进行了定性分析。通过对生态文明相关概念的解析、对企业生产流程各环节的分析,本书将企业生产运作流程划分为原材料采购、生产加工、企业销售和废弃物处理四个阶段。为考核企业全流程的节能减排税收政策效应,本书在企业生产运作的每个阶段分别设立一个节能减排的衡量指标,即原材料采购阶段为化石能源使用率、生产加工阶段为治污投资率、产品销售阶段为万元能耗率、废弃物处理阶段为固体废弃物综合利用率。由于要强化对节能减排税收政策的深入研究,本书特别选择了与节能减排税收政策息息相关的消费税、增值税、资源税与企业所得税(以下简称节能减排"四税")加以分析。对我国节能减排"四率"的现状与节能减排"四税"存在的问题做了详细的分析。

其二，本书对节能减排"四税"与"四率"政策效应进行了实证分析。在对相关数据进行描述性分析的基础上，本书运用多元对数回归模型进行实证分析。研究显示，节能减排"四税"与企业生产阶段的"四率"之间存在长期均衡关系，同时还检验了资源税与化石能源使用率之间不存在显著关系；企业所得税与治污投资率之间存在显著关系；消费税与万元能耗率之间不存在显著关系；增值税与固体废弃物综合利用率之间存在显著关系。

其三，本书对不同区域现行的节能减排"四税"与"四率"的政策效应进行了实证分析。本书依据经济发展水平与地理位置将我国大陆区域划分为东部、中部、西部，分别对东部、中部、西部三个部分做了概念定义、数据的描述性分析及构建多元对数回归模型进行实证分析。研究发现，各个地区之间的节能减排税收政策效应有所区别。东部地区节能减排效果主要体现在增值税上，西部地区节能减排主要依靠资源税，而中部地区节能减排主要靠企业所得税。由于三个地区的经济发展水平、产业结构差异以及税收收入分布都不相同，最终导致了三个地区的节能减排税收政策的效果有所区别。

其四，总结了国外生态意识觉醒后经济合作与发展组织（Organization for Economic Co-operation，OECD）国家在节能减排税收政策方面的经验与启示。在研究节能减排税收政策方面，国外开始得较早，不仅形成了较为完整的节能减排税收政策，而且覆盖了工业企业采购、加工、销售以及废弃物处理的各个流程并取得了一定的成果。本书对美国、德国、日本、英国和丹麦五个国家的具体税收政策进行了总结分析。

其五，提出生态文明建设架构下优化我国节能减排税收政策的建议。从企业生产运作过程的四个阶段——原材料采购、生产加工、产品销售和废弃物处理进行分析，根据流程的不同环节，在维持总体税负的前提下提出了进一步完善促进我国节能减排的税收政策。原材料采购阶段，强调资源税的全面改革，扩大资源税的征收对象范围，提高资源税的税率水平；生产运作阶段，主要通过对企业所得税的调整，实现有增有减，有保有压。加大企业所得税的优惠比重，提升企业节能减排技术水平，降低工业能耗率。建立使用节能产品的奖惩机制,加大对企业节能减排投资的优惠;产品销售阶段,大力拓展消费税的征税范围,适当提高消费税的税率,减少污染产品的生产,从而抑制污染产品消费。废弃物处理阶段,修正部分增值税项目的征税税率,适当赋予废弃物综合利用产品的税收优惠,促进资源回收利用。

然而,节能减排是一项复杂的系统工程,这项工程会涉及整个经济的各个方面,所以仅仅依靠调节税收政策可能不会发挥合理的作用,必须要有相关的配套措施。所以,本书建议从去产能、优化产业结构、开征环保税、能源价格改革和合同能源管理四个方面一起用力,真正实现节能减排这一终极目标。

目 录

第一章 绪 论 …………………………………………………………… 1
  第一节 研究目的 ………………………………………………………… 1
  第二节 相关文献综述 …………………………………………………… 3
    一、国外有关节能减排税收政策的研究综述 ………………………… 3
    二、国内有关节能减排税收政策的研究 ……………………………… 9
  第三节 本书的创新点及不足 ………………………………………… 12
    一、本书的创新点 …………………………………………………… 12
    二、本书的不足之处 ………………………………………………… 12

第二章 生态文明视野下我国现行节能减排税收政策效应的定性分析 …… 15
  第一节 生态文明的内涵、特性及内在要求 ………………………… 15
    一、生态文明概念的界定与黄色文明和黑色文明的区别 ………… 15
    二、生态文明的特性 ………………………………………………… 19
    三、生态文明的内在要求 …………………………………………… 21
  第二节 企业生产流程各环节节能减排衡量指标的界定 …………… 23
    一、企业生产流程各环节分析 ……………………………………… 23
    二、节能减排"四率"的界定 ……………………………………… 24
    三、节能减排税收政策的作用机理分析 …………………………… 29
  第三节 我国资源短缺、能源耗用及污染排放现状 ………………… 33
    一、我国资源短缺的现状 …………………………………………… 33
    二、企业生产能源耗用的现状 ……………………………………… 35

三、企业生产的污染排放现状 ………………………………… 36
第四节 我国节能减排税收政策演进及存在的问题 …………… 38
　一、增值税节能减排税收政策的演进及存在的问题 ………… 38
　二、消费税节能减排税收政策演进及存在的问题 …………… 40
　三、企业所得税节能减排税收政策演进及存在的问题 ……… 42
　四、资源税节能减排税收政策演进及存在的问题 …………… 44
本章小结 ……………………………………………………………… 46

第三章　我国节能减排"四税"与"四率"政策效应实证分析 …… 47
第一节 节能减排税收中的"四税" ………………………………… 47
第二节 节能减排税收的"四税"与"四率" ……………………… 53
　一、节能减排的"四税" ………………………………………… 53
　二、节能减排的"四率" ………………………………………… 55
第三节 节能减排的"四税"与"四率"的实证分析 ……………… 57
　一、研究假设 ……………………………………………………… 57
　二、研究设计 ……………………………………………………… 58
　三、实证结果与分析 ……………………………………………… 61
本章小结 ……………………………………………………………… 69

第四章　不同区域现行节能减排"四税"与"四率"的政策效应实证分析 …………………………………………………………… 71
第一节 不同区域的节能减排税收情况 …………………………… 71
第二节 东部地区节能减排"四税"与"四率"的实证分析 ……… 90
　一、研究假设 ……………………………………………………… 90
　二、研究设计 ……………………………………………………… 90
　三、实证结果与分析 ……………………………………………… 93
第三节 中部地区节能减排"四税"与"四率"的实证分析 …… 103
　一、研究假设 …………………………………………………… 103
　二、研究设计 …………………………………………………… 103

目 录

  三、实证结果与分析 106
 第四节 西部地区节能减排"四税"与"四率"的实证分析 115
  一、研究假设 115
  二、研究设计 116
  三、实证结果与分析 119
 本章小结 127

第五章 国外生态意识觉醒后 OECD 国家节能减排的税收政策经验借鉴与启示 129
 第一节 国外节能减排的税收政策演进历程 129
 第二节 OECD 国家的节能减排税收政策的相关经验 131
  一、美国的节能减排税收政策 132
  二、德国的节能减排税收政策 136
  三、日本的节能减排税收政策 138
  四、英国的节能减排税收政策 140
  五、法国的节能减排税收政策 142
  六、丹麦的节能减排税收政策 142
 第三节 企业生产流程不同阶段的节能减排税收政策 144
  一、原材料采购环节的节能减排税收政策的国外经验 144
  二、生产加工环节的节能减排税收政策的国外经验 145
  三、产品销售环节的节能减排税收政策的国外经验 146
  四、废弃物处理环节的节能减排税收政策的国外经验 146
 第四节 国外促进节能减排税收政策的经验对我国的启示 148
 本章小结 150

第六章 生态文明建设架构下优化我国节能减排税收政策建议 151
 第一节 生态文明视角下节能减排税收政策目标定位 151
 第二节 完善我国节能减排税收政策的建议 152
  一、全面改革资源税(原材料采购) 153

二、加大企业所得税优惠（生产运行阶段）……………… 155
三、拓展消费税（产品销售阶段）……………………… 156
四、修正增值税（废弃物处理阶段）…………………… 157
第三节 其他配套措施………………………………………… 158
一、去产能、优化产业结构……………………………… 158
二、开征环境税…………………………………………… 159
三、推进能源价格改革…………………………………… 160
四、优化合同能源管理…………………………………… 160
本章小结……………………………………………………… 161

参考文献………………………………………………………… 163

第一章 绪 论

第一节 研究目的

改革开放以来，我国经济快速增长，经济总量跃居世界第二位，社会各项事业取得长足发展，人民生活水平日益提升，但由于粗放式经济增长方式，高污染、高能耗、高耗水的重工业比重偏高，经济结构不尽合理，与此同时，资源的浪费问题十分严重，此外环境的污染问题突出。这导致了发展经济与保护环境两者之间的矛盾日益加剧，自然生态环境已无法承受生态破坏和环境污染，经济发展已难以协调资源节约及环境保护的要求。因此，党的十八大首提"美丽中国"，将生态文明建设与政治建设、经济建设、文化建设、社会建设放到同一高度，同等看待。党的十八届五中全会又提出"绿色"发展理念，要求在保证经济可持续发展的同时，减轻能源与环境的压力，将着眼点放在经济结构的调整上。此外还要转换经济发展模式，努力走向一条可持续发展之路，这条路要求我们降低能耗、降低排放、提高效益、提高产出，这就是所谓的节能减排。而节能减排要求每一个微观经济个体努力减少资源消耗，并且尽可能地降低排污量。这是我国建设生态文明、走可持续发展道路的必然要求。

在我国，能源消耗和环境保护问题尤为严重，我国的节能减排还有很长的路要走。首先，从宏观角度来看，目前中国是世界第二大能源生产国和消费国以及第一大煤炭生产国和消费国。其次，中国的能源消费结构不尽合理，不可再生的化石能源消耗比例过高，而可再生的清洁能源使用率非常低。从环境保护的角度来看，我国的环境污染相当严重，2015年，我国中东部出现了11次大范围雾霾，雾霾集中频发，持续时间长，发生范围广，污染严重，极大地影响了人们的正常生活与学习，对人们的身体也造成了巨大伤害，环境问题已成为社会各界关注的热点问题，环境治理得好坏直接关乎人民群众的切身利益，也关乎中华民族的生存与发展。根据2012年8月实施的《节能减排"十二五"规划》，截止到"十二五"规划完成之时，全国万元国内生产总值能耗下降到0.869吨标准煤，较2010年的1.034吨标准煤下降了16%。"十二五"期间，实现节约能源6.7亿吨标准煤；2015年，全国化学需氧量和二氧化硫排放总量分别控制在2347.6万吨、2086.4万吨；全国氨氮和氮氧化物排放总量分别控制在238.0万吨、2046.2万吨。在2015年12月的巴黎气候大会上，中国政府做出承诺，中国将在2030年前后实现二氧化碳的排放量达到峰值，2030年单位国内生产总值二氧化碳排放比2005年下降60%~65%，非化石能源占一次能源消费比重达到20%左右，森林蓄积量比2005年增加45亿立方米。由此可见，我国是一个能源消耗与污染排放大国，节能减排对我国来说刻不容缓，同时面临的形势也是严峻的，环境治理压力较大。

1999年，中国重工业呈现快速增长势头，工业增长以重工业为主导。在我国，工业能耗在全社会能耗中占比最高，其中化工、电力、钢铁、有色金属、建材和石化六大高耗能行业的能源消耗量占工业总能耗的比重由2005年的71.3%上升到2010年的77%左右，其生产过程中的能耗状况对节能减排工作有重要意义。又由于技术装备落后，其单位可比能耗比发达国家高出20%~30%，工业节能减排不仅意义重大，而且潜力巨大。

税收政策已成为一种有效解决能源环境问题、推动节能减排的重要经济手段。如何科学合理地通过税收政策来促进企业节能减排成为当前一大热门话题。生态税收的概念已经在部分发达国家得以实现，这些国家对税制进行了大刀阔斧的改革，绿化税制，例如瑞典、丹麦、荷兰、德国等国家。税收绿化不仅优化了税制，同时也规范了企业与个人的生产和消费行为，促进了节能减排工作的开展，完善了社会治理，提升了居民福祉。利用税收政策来促进节能减排，已成为国际共识。

中国是世界上最大的发展中国家，一直致力于减少贫困，为世界经济做贡献。在全球变暖的大背景下，中国政府主动承担节能减排的责任，为全人类的共同发展做贡献。实现环境保护与经济可持续发展，已成为当今世界普遍关注的主题。节约资源、减少排放、保护环境既是可持续发展的内在要求，也是符合我国一贯主张的以人为本的发展理念。因此，我们要努力实现经济发展和保护环境双重目标，这是我国对世界的可持续发展和应对未来气候变化的一大贡献。然而，节能减排税收政策在我国的应用实践比较晚，研究相对滞后，亟待进一步提升与完善。如何充分利用经济手段来调节生产与消费行为、控制污染、改善环境、实现经济与社会的可持续发展是我们亟须解决的课题。

因此，研究促进我国节能减排事业发展的税收政策，借鉴发达国家节能减排税收政策的先进经验，并结合我国的具体国情，从分析现行税收政策入手，对我国节能减排工作提出有益的建议，充分发挥好税收政策在保护环境和节能减排工作中的作用，对促进我国经济社会的可持续发展，建设生态文明"美丽中国"具有重要的理论与现实意义。

第二节 相关文献综述

一、国外有关节能减排税收政策的研究综述

通过对文献进行系统的梳理发现，国外制定有关节能减排税收政策相对较早，不仅有从公共产品理论、外部性理论、双重红利理论和可持续发展理论等视角探讨税收政策与资源节约和环境保护之间关系的理论基础，还有各发达国家为促进节能减排税收政策的应用实践。

（一）节能减排税收政策的理论基础

节能减排税收政策的由来，离不开公共产品理论、外部性理论、双重红利理论和可持续发展理论这四种理论的支撑。

第一，公共产品理论研究。英国经济学家庇古可以说是第一个认识到公共产品与税收之间关系的人。根据基数效用论，庇古（Pigou A. C.，1920）分析了关于公共物品供给的税收政策，指出当税收的边际负效用与公共产品消费的边际效用相等时，公共产品可以达到最优供给。1954年，美国经济学家萨缪尔森（Samuelson）用一般均衡的分析方法，发现当消费者承担的个人价格之和与公共产品边际生产成本相等时，提供公共产品最具效率。又因为消费者的边际利益等于对公共产品愿意支付的价格，所以，每个消费者在相同环境下所愿意支付的资源价格是不同的。

与此同时，林达尔（Lindahl E.，1958）认为，如果消费者之间的公共物品的供给和成本分配可以通过讨价还价的方式来实现的话，则我们完全可以利用以下三种方式对环境资源的供给问题加以解决：第一种是做出规定，使生产企业为其污染造成环境资源损失的行为埋单，具体方式就是缴税；第二种是先由对环境造成污染的企业向公共部门支付赔偿，然后公共部门用这些赔偿收入治理环境；第三种是由消费者帮助相关企业承担一部分减污的费用。可以说，公共产品理论研究已经意识到公共产品与税收之间的互动关系。

第二，外部性理论研究。关于企业外部性问题，庇古最早提出了运用税收政策解决环境问题，对环境资源征税以解决企业的外部性问题。庇古认为，要解决外部性问题，必须依靠政府介入，即政府可以通过征税或者提供补贴，最终达到私人边际成本与社会边际成本相一致，这在后来被叫做"庇古税"。鲍莫尔等在原有的庇古税原理上，得出一个结论：在较小的市场条件下，运用经济手段所带来的政策效果更令人满意，而运用命令控制手段所带来的政策效果则不尽如人意，得出这样的结论利用了所谓的局部均衡方法，但是鲍莫尔等发现庇古税在运用上会有瑕疵——运算有难度，所以两位学者另外提出了一种方法做替代，即公共资源外部性内部化。巴罗在1979年提出了一种方法，即逐步控制法，本国政府可以达到社会最优状态，但必须在不完全信息条件下，而且采取逐步控制法不断调整庇古税，最终达到最优税率。Dwight等（1985）建议政府将原来的扭曲型税收变换成污染税，利用污染税产生的非环境效益最终达到有效租税制度，污染税税基中的租税需求弹性决定着污染税收的有效收入与传统分析中的最适租税收入的高低关系。Wallace和E. Oates（1995）建

第一章 绪 论

议在设计新污染税的同时不应该摒弃原来的税收制度,应该完善原税收制度,与此同时注意控制污染量,并且公共收入来源的组成部分中就有污染税收收入。可以说,这些都是采用合理征税方式,包括庇古税或污染税来解决环境资源问题。

第三,双重红利理论研究。双重红利的概念是由 Pearce 最先提出的,后来由 Repetto 等人不断推广。按照 Pearce(1991)的观点,环境税收可以带来"双重红利",一方面,如果可以矫正外部成本,绿色税收就可以解决环境问题;另一方面,通过税收收入来降低或消除经济中其余税收的额外负担,矫正其扭曲效应,最终通过提高税制效率来促进投资增加,就业提高和经济增长,从而从总体上提高社会福利水平,这就是环境税收的"双重红利"。

很多学者对环境征税带来的双重红利表示支持与赞同。根据 Tullock(1967)、Kneese 等(1968)的观点,一方面,征收环境税能够提高水资源质量水平;另一方面也可以降低水处理税收的扭曲效应。Nichols(1984)、Lee 等(1986)也持同样观点,即环境税既可以改善环境,也可以减轻社会福利的负担。然而,Bovenberg 等(1994)提出"收入循环效果"和"税赋交互效果",认为这两种效果会影响双重红利。这两位学者通过研究发现税收并没有减少其他扭曲型的租税,故更没有降低其超额负担,并且,税收反过来会使其扭曲性更加严重,导致此现象发生的原因应该是对环境污染税的开征会减少税后个人实际劳动所得,最终会使就业情况不容乐观。Goulder(1995)则从税制的角度来解释双重红利,该学者认为双重红利可分为弱双重红利和强双重红利。如果制定的税收政策在减轻环境污染的同时也可以降低其经济成本,那么代表"弱形式的双重红利存在"这种假想是可行的;如果制定的税收政策在减轻环境污染的同时可以为社会带来净经济利益,那么代表"强形式的双重红利存在"这种假想是可行的。与租税的互赖效果导致双重红利不存在的观点不同,Jager(2001)认为,因为个人所得带来的边际效用要小于社会所得带来的边际效用,导致互赖效果对劳动要素的劣势要小于收入效果的优势,使存在双重红利。可以说,正是税收的存在带来了双重红利研究的大讨论。

第四,可持续发展理论研究。来自挪威的布伦特夫人在 1987 年第一次提出什么是可持续发展。按照她的想法,可持续发展就是"既能满足当代人的需要又不影响后代人对发展的需求"。1991年,格罗斯曼和克鲁格分析了42个国家的相关数据,经过研究发现,从长期的趋势来看,经济增长与环境污染之间的演变形式为先增后减。这表明在某种程度上经济的发展是可以不受环境制约的。故可持续发展理论产生的根本目的就是调节经济增长和自然资源的合理利用之间的关系,使当代人在推动经济发展的同时不会对后代人的发展造成影响,正是由于这种可持续发展的需要,税收政策便提上了议事日程。

(二) 促进节能减排税收政策的应用实践研究

在节能减排税收政策的实践方面,国外最早是从污染税开始入手去探索税收与环境之间的关系。1920年,庇古指出了环境污染带来了企业外部性问题,并提出了用政府干预方式对企业征税,即对污染行为付费。20世纪70年代,经济发展带来了环境污染问题。为此,OECD提出了"Polluter Pays Principle",即"谁污染,谁承担"。

当前对环境污染征税已成为世界发达国家的一大共识。西方各发达国家纷纷设立了不同的环境保护税种。1986年,美国通过《超级基金修正案》,在开征环境税的同时也开征了与汽车相关的消费税和开采税。英国政府在全国范围内开征"垃圾税"。荷兰开征了燃料税(1998)、水污染税(1970)、超额粪便税(1986)、噪声税和汽车特别税。1999年,德国变革了对生态税的征收方式,即采取"燃油税"附加这种方式来收"生态税"。1991年,瑞典也开始税制改革,开征与环境保护有关的各种税,例如硫税、能源税、碳税和汽油税。

不仅如此,西方学者开始研究"环境税""碳税"。按照Robert. E. Hall和Dale. W. Jorqenson(1967)的观点,通过税收抵免措施、再投资退税措施等税收优惠政策的运用,可以一定程度上降低企业的资本边际成本,最终促使企业加大节能减排投入。故当我们在制定相关税收政策时,应该多发挥税收优惠手段的作用,例如税收抵免、再投资退税等。2000年,Brita Bye举出挪威征收环境税导致企业成本因此增加的案例。该案例说明不能随便制定环境税征收标准,那么,该如何制定环境税征收标准呢?该学者利用计量经济学确定该怎样制定才能使之达到最优。Miradna和Hale(2002)指出,瑞士征收环境税,这种环境税是将所得税额与环境成本挂钩,通过环境税的开征促使消费者提高节能意识。例如，当生产型企业所使用的燃料不同时，对其征收的环境税也应该不同。Jacobs Klok（2006）指出，丹麦在生态税制改革中遭遇到困难，国内的公众对生态税制改革者的态度是怀疑的，甚至是拒绝的，并且提倡政府应在生态税改革中有所作为，例如鼓励环保行为，给予税收减免。James Randall Kahn（2006）认为，国家应该征收"碳税"，因为开征"碳税"可以有效应对气候变化带来的资金问题。

Carlos F. Liard-Muriente（2007）研究发现，美国的联邦一级政府和州一级政府利用税收优惠方式来暗示企业、个人尽可能地使用低能耗产品。Herman（2008）分析了荷兰进行税收改革的全过程，这项税收改革的原因是荷兰的气候发生了变化。最终，该学者得出结论：如果将与能源相关的间接税改为直接税，会更利于节能减排。Anil Mar Kandya（2009）通过对欧盟内国家有关能源消费方面的税率进行比较分析，提出有效利用能源的税收政策，具体做法就是对能源采取差别征税方式。Tim Callan 等（2009）分析了碳税在爱尔兰的设立及实施情况，碳税属于票退税，对低收入者来说，碳税产生的税负不会对其造成影响，因为低收入者会得到社会福利，两者可以相互抵消；而对于中高收入者而言，由于票退性的存在，纳税人的负担率与课税对象的数量成反比，最终我们可以得出结论，在爱尔兰是可以开征碳税的。Christian Lutz 和 Bernd Meyer（2010）说明了欧盟的环境税改革，即"劣等品"的税负要提高，"优等品"的税负要降低。这里的"劣等品"指消耗资源或产生排放物等，而"优等品"可以指劳动力，这样的改革可以稳定税收。与此同时，已经小范围地在欧盟一些国家试点，并取得了令人满意的结果。所以说，如果接下来改革范围能够扩大至整个欧盟，就一定会把欧盟二氧化碳排放量降低到合理范围内。可以说，这些都是国外学者对节能减排税收政策实践的有益探索与尝试。

(三) 节能减排税收政策的实证研究

从一方面来讲，每个国家都相应制定了各自的节能减排方面的税收政策，并且对所制定的税收政策进行了实践和应用。从另一方面来讲，国外的学者对节能减排方面的税收政策还做了许多实证分析与研究。1990年，通过对美国减污静态成本的实证方面进行了研究，Tietenberq 得出结论：绿色税收产生的刺激作用要优于命令控制手段带来的作用。所以，我们可以得出结论：与单纯的行政干预相比，制定合理有效的税收政策在促进企业节能减排方面更有效。Jeffery（1999）研究认为，经济激励比直接管制更能促进节能减排。J. Peter Neary（2006）根据勒沙特列原理，得出结论：税收政策与排放标准密切相关。

Anabel Za'rate-Marco 和 Jaime Valle's-Gime'nez（2013）研究了环境税对于经济增长与效率之间的关系。对西班牙估计的动态面板数据模型所做的分析，反映了环境税的单独调节作用。结果进一步验证了波特假说的理论，即在某种程度上，环境税收的实施，而不是监管严格的环境政策可以更好地提高生产率，是因为这推动了企业在组织和技术上寻求进步以降低其纳税成本。

Carol McAusland 和 Nouri Najjar（2013）讨论了"碳足迹税"（Carbon Footpritat，CFT）理论的可行性。认为其税收模型可设计为可抵扣的增值税。由于 CFT 的计税依据将是一个产品的碳足迹，其中包括产品的产出和它的投入期间所排放释放以及可能存在的任何温室气体。分析表明，一个纯粹的 CFT 要求计算每一个别产品的碳足迹，计算成本非常高。然而，一个混合 CFT 似乎在经济上可行。由于 CFT 只会对国内的产品征收，因此将保持国内企业在平和的基础上与那些没有制定主动气候政策的生产国家合作，以保护竞争力和减少渗漏。Sam 等（2012）基于一般均衡模型在模拟环境下研究了澳大利亚征收碳税会对其国内经济产生何种影响。根据模拟结果，碳税可以有效地减少碳排放，但会造成轻微的经济萎缩。如果能采取一定的补偿措施，虽然对减排的影响不显著，但可以减轻对征收碳税对经济带来的负面影响。Arief 等（2013）使用印度尼西亚的一些家庭数据的一般均衡模型来分析征收碳税对收入分配的影响，分析碳税的分配对发展中经济体的影响。印度尼西亚作为最大的碳排放国之一的发展中国家，常被用作案例研究。结果表明与大多数工业化国家的研究结果不同，碳税在印度尼西亚推行未必会带来经济萎缩。因为碳税带来的结构变化和资产再分配作用由于农村和低收入家庭的高比例存在而变得更有利。此外，低收入家庭，特别是农村地区，对与耗能相关的商品的价格不太敏感。统一减少商品的税率可能会降低不良影响，而统一的一次性转移可以带来更大的发展。

Masoud Yahoo 和 Jamal Othman（2015）采用一般均衡模式研究碳税和能源税在马来西亚的实施将会对减排和经济及社会福利带来多大影响，结果发现假如其产生的收入能够用于一般家庭消费的补贴上,则碳税和能源税能带来的最好效果是在马来西亚将能达到"双重红利"。双重红利出现时,消费结构的变化能够改善福利,而二氧化碳排放量则能有效降低。碳税政策的实施最终能带来更大的减排作用,而可再生能源的利益也将更大幅增加。

Andrea Baranzini 和 Stefano Carattini(2014)的研究侧重点在于碳税对改善环境到底有多大作用,认为碳税的政策可接受性是一个大问题,这也许可以解释为什么在实践中,只有少数几个国家实践成功。目前对碳税的研究主要集中在对征税的成本负担和对经济的影响方面。基于真实的数据经验估计,如果要完全发挥碳税的作用,那么气候政策一定要纳入应综合考虑的范围内,甚至还包括与之配套的各种措施。只有当碳税被多方面综合评估后,才有被实施的必要性和有效性。

Roberton(2016)探讨美国潜在的环境税收政策改革,主要集中在碳税上,这些措施包括修订或消除各种能源和环境税收抵免与扣除额(其中许多可能由于碳税存在而变得不必要了),以及变更能源税对环境的影响(如联邦汽油税),以评估对税收改革的效果,包括污染排放是否减少,经济效益是否增加和收入分配是否更加合理。

Danus˘e Nerudova' 和 Marian Dobranschi(2016)认为,一个有效的减排政策将限制二氧化碳排放强烈地依赖于提高碳税的其他补充措施。因此,要注意的是征收碳税不仅影响消费模式,也带来了收入优势。税收收入是应当被用来支持补偿在特定条件下的税收支出的形式。补偿的目的应该是减排,同时鼓励绿色技术发展。碳税对于环境保护的效率取决于能否找到更清洁的能源替代品,在何种程度上征收碳税来达到减排的目的应该是一个国际性的问题。考虑到每个单独的国家对全球碳排放的贡献是比较小的,因此应该支持多国协调碳税立法。在欧盟层面,应该有长期协调行动,通过协作和相互的协议,欧洲碳税有望在所有欧盟成员国实施。

二、国内有关节能减排税收政策的研究

我国在节能减排方面的税收体系在当前状态下还不够成熟,通过对国内节能减排税收政策方面的相关文献进行研究,不难发现,其中既有对现行的节能

减排税收政策的研究分析，也有对西方的节能减排税收政策成果的借鉴。

（一）对现行的节能减排税收政策研究

税收政策与节能减排之间的关系是节能减排税收政策分析的核心。倪红日（2005）基于经济学的需求与供给，分析研究了税收政策对节能减排的益处。梁季（2008）认为税收政策首先影响需求，进而通过需求促使企业实行节能减排；税收政策首先改变需求结构，然后进一步影响供应，最终促使企业实行节能减排。童锦治（2011）认为，节能减排税收优惠政策具有"双重红利"的效应。

虽然从理论上说税收政策可以导致节能减排，但在实际操作中节能减排税收效应还是存在诸多不足，未能发挥应有的促进作用。罗红（2010）认为，我国现行税制的总体设计不合理，不利于节能减排目标的实现。刘虎（2007）、周宇明（2010）、王秋红（2011）、付剑茹（2013）、孔姝涵（2013）等学者指出我国现有的节能减排税收政策形式过于单调，税收优惠政策难以覆盖更大范围，而且资源税收政策不够成熟，诸如环保的专门税种也不够健全，调节力度不强，不利于节能减排。王文佳和王飞飞（2012）站在税收约束和税收激励两个角度分析了节能减排税收政策存在的问题。凌岚（2010）则认为，我国没有站在国际协调的角度来制定节能减排、环境保护方面的税收政策，无法在结合国际投资、国际贸易的基础上设计国内税制，站在国际的高度上统筹考虑节能减排税收政策问题。

针对以上问题，很多学者提出了对已经存在的税种进行完善，并且征收新的税种的建议。关于对已经存在的税种进行完善方面，一些学者从消费税、企业所得税、增值税、资源税等角度，对节能减排税收政策提出建议。罗红（2010）提供了一种方案，这种方案更具系统性，且是针对税收优惠政策进行优化整合的。

（二）对西方的节能减排税收政策进行总结

对于节能减排税收政策，我国一直在学习西方的宝贵经验并加以借鉴。秦美峰（2012）分析了美国、荷兰和瑞典三国制定的相关税制以及税收优惠，提出我们应完善并打造一个绿色税收体系，根据国情相机使用税收政策，调整低碳与经济发展的关系。周金荣（2009）和凌岚（2010）等学者总结了国外有关环境保护的税收政策的经验,在此基础上,对我国现行税收政策进行评价,并且就构建我国相关税收政策体系提出了具体建议和实施步骤。宋效中和姜铭(2007)从三个方面总结了国外较成功的节能税收政策,分别是正面激励的节能税收政策、交叉补贴的节能税收政策和逆向约束的节能税收政策。在此基础上,他分析比较了许多国家的节能税收政策特点。石建华(2004)首先介绍了一些西方国家运用财政政策促使节能的手段,并且叙述了国外与能源相关的税种,如能源税、二氧化硫税、二氧化碳税等。按照他的观点,我国应该积极学习国外优秀经验,建立一个完善、长效的税收体系。

此外,计金标(1995、1997)、高萍(2005)、杨金田和葛察忠(2002)等国内学者从不同角度介绍、总结、归纳了西方各国实施节能减排税收政策的经验和启示,认为应加快我国节能减排税收政策改革,完善现有税种,适时开征新税种。

(三)对现行节能减排税收政策效应进行定量研究

席卫群(2013)为定量分析税收与节能减排的关系,以工业领域十大高耗能行业(如造纸及制造业、化学原料及化学制品业、非金属矿物制品业、石油加工、炼焦及核燃料加工业、黑色金属矿物制品业、有色金属矿物制品业等)为研究对象,按照《中国税务年鉴》以及《中国统计年鉴》中的相关数据,计算得出了10个行业在1994~2011年中的主营业务税金及附加、增值税、万元GDP能耗三个指标,运用Engle-Granqer协整分析方法,分析出各行业万元GDP能耗与税收的关系,进一步分析了税收对能源消耗状况的影响,并提出了相关建议。朱迎春(2012)选取1994~2009年的样本数据,采用Engle-Granger协整检验方法,对我国节能减排税收政策效应进行实证研究。研究结论表明节能减排税收收入与我国单位GDP能耗之间存在协整关系,但是不同的税种所产生的节能减排效应差异较大。基于此,本书建议通过税收改革,促进发挥我国节能减排税收政策的效应。杨林和王莹(2011)运用主成分分析法分析出何种因素会影响到企业的节能减排能力,还分析了怎样运用税收政策影响这些因素,最终达到促使企业节能减排的目的。但其也存在漏洞,因为并没有解释税收政策本身的节能减排效应问题。张磊和蒋义(2008)以国内单位GDP能耗为变量,以增值税、消费税和资源税的税收收入占总税收收入的比重为自变量,对相关税收政策进行分析,回归结果表明增值税的节能减排效应显著,而其他两个税种的节能减排效应不显著。

综上所述,通过对国内外文献的梳理,本书认为政府制定节能减排税收政策,利用税收杠杆,可以有效促进资源能源节约,保护环境。对于世界各国所采取的节能减排税收政策,一定要因地制宜,综合衡量抉择。可以说,节能减排税收政策是当前生态经济条件下能源节约和环境保护的有效调节手段之一。

第三节　本书的创新点及不足

一、本书的创新点

本书从我国节能减排的实际情况出发,结合对当前国内外的节能减排税收政策的分析,在此基础上,对节能减排税收进行实证研究,提出了节能减排税收政策的相关建议。具体来说,有三大创新之处:

其一,从企业生产运作流程这一角度,将企业生产运作流程分为企业原材料采购、生产加工、产品销售、固体废弃物处理四个阶段,并剖析了各阶段节能减排的税收政策,将各种节能减排税收政策具体落实到各个阶段。

其二,对节能减排税收政策效应进行实证研究,按照企业生产运作全过程,对"四率"(化石能源使用率、治污投资率、万元能耗率和固体废弃物利用率),以及"四税"(节能减排增值税、消费税、资源税、企业所得税)之间,展开多元的线性回归分析,并对节能减排的税收政策进行了有益的探索研究。

其三,基于生态文明的新视角审视节能减排税收政策,通过对节能减排税收政策的定量和定性研究,指出当前生态文明视角下我国节能减排税收政策的对策建议。

二、本书的不足之处

虽然本书对促进节能减排的税收政策做了一定的定性研究,但鉴于笔者的理论素养和实践经验都存在着诸多不足,因此对问题的研究从整体上看还是初步的。节能减排工作涉及的行业领域众多,各行各业的技术和市场化程度不同,需要的税收政策支持的方向或者角度不一样,许多具体问题还有待细致的调查研究。此外,本书侧重于理论分析和定性分析,在计量实证检验方面有所突破,但仅是初次实证分析,唯恐尚有不足,这些问题都需要在今后的研究工作中作不断改进与完善。

第二章　生态文明视野下我国现行节能减排税收政策效应的定性分析

第一节　生态文明的内涵、特性及内在要求

一、生态文明概念的界定与黄色文明和黑色文明的区别

文明代表着人类社会开化和进步的程度，是衡量社会进步程度的主要标志，而社会的文明进步和发展是通过社会生产的积极成果展示的。发展至今，人类走过了三个文明时代，从农业社会的黄色文明、工业社会的黑色文明一直走到了现代社会的生态文明。在人类社会发展的第一个文明时代即农业社会中，人类破坏了土地和森林，以此发展农业，创造了光辉灿烂的古代文明，结果导致水土流失，漫天尘土，连河水都成了黄色的，所以农业文明被称为"黄色文明"。当人类进入工业时代的时候，工业背后的支撑是大量的矿物燃料，燃料所产生的废物污染，导致黑色的烟霾环绕城市和乡村，乌黑的工业废水肆意乱流，所以工业文明被称为"黑色文明"。现在我们已经步入的是现代社会的第三个文明时代，即生态文明时代，它倡导的是低能耗、低污染、资源和能源可再生利用，即从生态发展的原点去思考人类社会发展的模式，首要目标就是在满足人类基本需要和生态协调发展方式的基础上，通过经济活动使自然生态发展可持续性的目的能够达成，积极维护地球的绿色，因而被称为

"绿色文明"。

(一) 黄色文明

人们通常将农业文明称为"黄色文明",首先是因为农业文明是与黄土地息息相关的,其次是因为它造成了土地的沙化以及河水的黄色污染。农业文明对待自然的基本态度是敬畏和顺应,其特征是完全利用自然过程进行生产,以农耕培育自然植物和畜牧养殖为主。

在最早的农业时代,人类需要依赖自然,具体表现为依赖自然资源(主要为生物资源)和自身的自然能力(包括体力和身体技能)等生存条件,该方式被称为自然生存。这种自然生存的特点是:"我们所认识的只是自然界向我们展示的样子,自然界还没有向我们展现的,我们就只能等待它逐步展现。"黄色文明在技术上,表现为以手工工艺和经验积累为基础的简单技术,"是一种几乎完全靠人的肢体(主要是手)操作的工具技术,从驱动工具运动起来,到控制其有序、准确地运动并作用到被加工物的物件之上,都要靠人亲自、全程地去完成"。其生产、使用自然界原始的能量,如水力、畜力等。黄色文明极大地提升了人类的生存水平,但也给自然环境造成了一定的消极影响,比如过度开垦造成植被损坏与水土流失等。总之,人类没有办法根本地改造自然,始终是在自然的规律下积极利用自然或者进行小幅干涉,并且自然界也具有一定的自我修复能力,所以"人—技术—自然"系统在一定限度范围内始终保持平衡。

黄色文明是人类探索自然规律与利用自然规律的初级阶段,但由于人类对自然规律的认知与把握还不够深,因此这种文明只是人类文明的初始阶段。黄色文明虽然给人类带来了物质财富,但是也带来了许多的生态负效应:土地的过度开垦、森林的砍伐、无度的放牧等一系列不合理行为造成水土流失严重、土质沙化,生态系统局部遭到破坏。

(二) 黑色文明

所谓的"黑色文明"通常指的是一种工业文明。首先,工业文明是与钢铁器材和矿藏息息相关的;其次,工业文明带来的黑烟弥漫、污水横流,对环境的污染十分严重。黑色文明(工业文明)的特征是通过技术来改造、驾驭自然,制造出在自然状态下不可能出现的产品,现阶段以工业生产为主要生产方式，其对自然的基本态度是征服和控制。

黑色文明时代建立在近代自然科学（主要是物理学、化学）的基础上，来源于灰色技术，目标是满足人的主体需要以及追求经济的高速增长，对自然带来了深层消耗。灰色技术的反自然性决定了其本身可以对自然实现远超出自我调节能力范围的改造，使人—技术—自然系统失去平衡，最终自然将进行反抗。

可以说，工业文明是人类社会发展的基石。工业文明确定了人的价值，但却将人的价值、能力以及欲望无限扩大了，甚至超出了自然规律的范围。有人就说，如果人类可以通过迁徙等方式避免原色技术给自然带来的区域性危害，那么灰色技术带给自然界的影响是全球性的，我们无处可逃。目前，全球范围内的生态问题就很好地验证了这一说法。

(三) 生态文明

生态，也称自然生态，指生物与生物之间、生物与环境之间的相互关系以及存在状态。生态文明可以被定义为人类遵循自然界的客观规律而取得的物质与精神成果的总和，其形成过程是人类社会通过改变自身发展规律的自然生态，并将其纳入人类可以改造的范围内的一种文明。这是以人与自然和谐相处、全面发展、良性循环和持续繁荣为基本原则的文化伦理形态。

由于现代社会日趋恶化的人类生存环境，"生态安全""生态发展""生态意识"等问题吸引了很多人的眼球，引起了很多人的关注，生态文明也渐渐进入了人们的研究视野。人类在走过了黄色文明和黑色文明后，正在走向一种新的文明，即绿色文明（生态文明），其核心是建立起人与自然的和谐关系，主要特征是对工业化生产方式进行生态化改造，使其生产方式生态化，并且更加强调人类在处理自身与自然关系上的生态化。"只有人类向自然界的索取与回馈相平衡；只有当人类为当代所付出的努力与为后代所付出的努力相平衡；只有当人类为本地区发展所做出的努力与为其他地区所付出的努力相平衡时"，生态文明才能作为一种更高程度的文明形态得以实现。

生态文明以绿色技术为支撑。绿色技术具有低消耗、低污染、可循环、高利用等特征，建立在现代生态学的基础上，以维护生态系统稳定和平衡为主旨，重视复杂的生命过程，以期减少技术危及人类生存的破坏性后果。绿色技术不仅着眼于单一技术与自然的统一,更强调技术之间的生态化,为了实现"人—技术—自然"的和谐进化,将某一生产过程中所产生的废料作为另一生产过程中的原料,变废为宝,不排放到自然环境中,人类能够利用技术来修复生态系统,吸收合理有效的绿色技术,消除工业生产带来的负面效应。

(四) 生态文明与黄色文明、黑色文明的区别

人类社会经由农业文明发展到工业文明再至生态文明,其背后依托的技术按颜色可分为原色、灰色和绿色技术。其实从本质上,技术没有颜色之分,这是一种形象表达,以此说明技术与自然的关系,从顺应自然到破坏自然再到保护自然。

第一,农业文明是一种黄色文明。农业文明对待自然的基本态度是敬畏和顺应,其特征是完全利用自然过程进行生产,以培育自然物的农耕和畜牧活动为主。该阶段,人类依赖自然生存,以自己的体力和身体技能作为生存条件。受当时技术的限制,基本以手工工艺和经验技能为基础,几乎完全靠人的肢体——主要是利用手的操作,通过控制工具来提高劳动效率,但是这一过程中人始终必须亲力亲为操控工具。可以说这是一种原色技术。农业社会黄色文明之下,人类只是在利用自然规律和初级劳动工具的基础上小幅度改造自然,而非根本性改造自然,所以自然能在一定的时间范围内实现自我修复,"人—技术—自然"系统基本上还是处于平衡状态的。

第二,工业文明是一种黑色文明,工业社会阶段的主要生产方式是工业生产,特征是通过技术来改造、驾驭自然,制造出在自然状态下不可能出现的产品,现阶段以工业生产为主要生产方式,其对自然的基本态度是征服和控制。此时,人类对技术的依赖却日益增强。工业文明是人类处在生产力较高水平下的文明,依托技术改造自然并创造出符合人类需求的产品。为了满足人的主体需要,人类一味地追求经济的高速、线性增长,因此在以功利性、力量性、征服和控制性为特征的黑色文明之下,对自然进行深层消耗的工业化大生产技术应运而生。灰色技术的反自然性决定了其本身可以对自然实现远超出自我调节和自我更新能力的改造,从而导致人—技术—自然系统失去平衡衡,最终带来对抗。

第二章 生态文明视野下我国现行节能减排税收政策效应的定性分析

第三,生态文明是一种绿色文明。人类在走过了黄色文明和黑色文明后,正在走向一种新的文明,即绿色文明(生态文明),其核心是建立起人与自然的和谐关系,主要特征是对工业化生产方式进行生态化改造,使其生产方式生态化。绿色文明作为一种更高级的文明形态,突破了黄色文明、黑色文明的局限,并在此基础上,回归生态发展的原点,技术活动的开展完全遵循自然的本性,实现人的生态生存。不同于以一味追求经济增长为出发点的工业文明,现代社会生态绿色文明以维护生态平衡为宗旨,着力减少人类生产生活过程对自然带来的不利影响。它不仅着眼于单一技术与自然的统一,更强调技术间的生态化,主要特征表现为低消耗、低污染、可循环、高利用。

因此,生态文明与黄色文明和黑色文明存在本质区别,如表2-1所示。它是一种绿色文明,绿色代表着生机、希望,代表着安全;意味着均衡与可持续,和平与发展。生态文明不再将发展局限于经济的范畴;相反,它大大扩展了发展的范畴,将发展上升到了新的阶段,即科学发展,均衡发展。它重新认识了人与自然的关系,以解决人与自然的矛盾,实现人与自然、人与社会的和谐发展为核心,以实现社会的可持续发展为目标。生态文明通过改造人们的生产方式、生活方式以及思维方式来实现它的目标。

表2-1 生态文明与黄色文明和黑色文明的区别

形态	生态文明	黑色文明	黄色文明
本质	绿色文明	工业文明	农业文明
技术	绿色技术	灰色技术	原色技术
生存方式	生态生存	技术生存	自然生存
人与自然关系	平衡	失衡	协同

二、生态文明的特性

(一) 生态文明具有同步性

作为社会主义生态文明重要内容之一的是人口、资源和环境的同步发展。生态文明要求人与人之间、人与自然之间、地区与地区之间同步发展。如果要保持生态的平衡，那么生态系统中不同主体之间就要保持同步发展、平衡发展。

（二）生态文明具有可持续性或循环性

人类征服自然、破坏自然是工业文明的一个主要特征，在这个文明时代，人们采取耗竭性的方式开发、利用资源和环境，很多区域的生态环境被严重破坏到了无法修复的地步，这是人类采取"先发展，后治理"模式的后果。所谓生态文明，指的是人与自然、人与人、人与社会和谐、全面、循环、持续的一种关系。强调人与自然之间友好、平衡的关系，而不是一种竞争性、破坏的关系。建设生态文明，所采取的主要举措包括保护环境、节约利用资源、发展循环经济模式等，通过一系列的举措来使生态系统达到能够自我修复的状态，最终使经济社会可持续发展。

（三）生态文明具有全面性

生态文明的全面性表现为人与自然作为不可分割的有机整体，应当全面覆盖自然界一切事物的完整系统，生态文明以及经济发展带来的成果能够有效惠及全体人民。这种全面性与我国一直致力于缩减贫富差距、全民覆盖社会保障等基本问题的方向是一致的，与"中国梦"的核心思想也是一致的。

（四）生态文明具有和谐性

协调人与自然、人与人的关系是生态文明的核心内容，生态文明侧重的是人、社会、环境的相互关系。过去的发展一味地追求人与人的和谐，而忽视了人与自然的和谐。但是，生态文明改变了这种情况，使人与自然的和谐不再是一纸空谈。生态文明侧重的是保护自然，坚持人类与自然和谐的关系。不伤害自然，充分利用自然，使人与自然和谐共处。生态文明还侧重人与人之间的和谐相处，坚持不分肤色、不分种族的和谐相处，反对种族歧视和性别歧视。

（五）生态文明是一种价值文明

生态价值是一种经过人加工修饰的，具有明显价值性的、有序的人与自然的和谐关系，而不再是无价值判断的、无层次的人与自然的关系。过去，传统西方哲学仅仅强调人的重要性，认为人是主体，而生命和自然不过是人的对象，故唯有人方才有价值。但与之相反，生态文明的观点是人与自然皆为主体，都有价值，都有主动性，自然是包括人在内的所有生命的依靠。因此，要尊重自然、敬畏自然，实现人与自然的和谐相处。

生态文明的五大特性如图 2-1 所示。

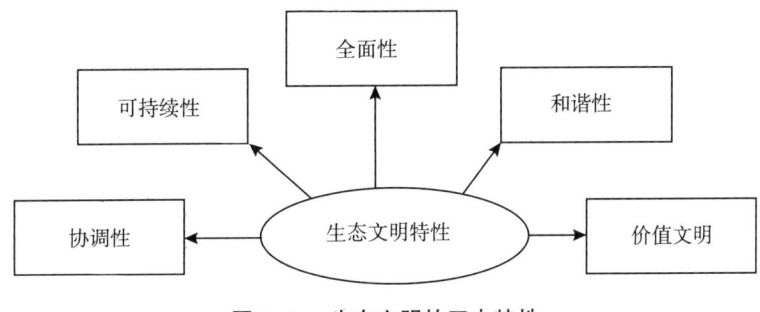

图 2-1　生态文明的五大特性

三、生态文明的内在要求

生态文明是一种以人与自然、人与社会、人与人和谐共存、全面发展、持续繁荣为基本宗旨的文化伦理形态。物质、政治、精神文明分别体现着生态文明的物质、制度、精神成果，为生态文明的建设提供物质保证、科学制度保证和强大的智力支持，同时生态文明创造的生态环境又为物质、政治、精神文明提供生态保证。因此，生态文明和物质文明、政治文明和精神文明的关系是相辅相成的。党的十八大将生态文明建设融入经济、政治、文化、社会建设各个方面和整个过程中，作为"五位一体"总体布局的组成之一，将生态文明建设提升到推进中国特色社会主义现代化建设和中华民族伟大复兴的高度。

生态文明作为社会文明的生态化表现，其价值取向的内在要求主要体现在四个方面：一是对于自然的观念和态度要求与自然和谐同步；二是培养可持续发展观要求建立经济、社会和环境三者的协调关系；三是消费观、生活观、生活方式和生产方式要求厉行节约、不奢侈浪费的同时以科学为指导；四是要建立生态化的制度观。具体地说，首先人类不能一味地利用、开发自然，无止境地向自然索取，而是应该在维护生态系统结构平衡的基础上利用与改造自然，以保护、补偿的态度对待自然，按自然本身的规律办事，从而走出一条与自然和谐相处的发展道路;其次是改变过去"自然资源是取之不尽、用之不竭的"错误观念,摒弃长期以来把 GDP 增长作为经济发展的唯一指标的做法,而是要实现经济、社会与环境的可持续发展,衡量社会发展的指标也应体现在社会、经济、文化、环境与生活等方方面面,将节能减排、人口数量控制、生态保护、环境治理都包括在社会发展概念中;在制定社会政策与法律政策时,应努力把生态化渗透到社会结构中,要评估那些有重大影响的发展战略决策的生态效益,以减少人类对自然的损害。

生态文明作为人类社会文明的高级形态不仅要求节能减排、保护环境,而且要与经济、政治、文化和社会建设融为一体。节能减排是生态文明建设的重要抓手。第一,节能减排有利于促进经济转型升级,形成新的环保型节能型的产业结构、生产方式,这也是生态文明的内在要求。第二,节能减排有利于建立资源节约型和环境友好型社会,高效利用能源资源和生态环境。第三,节能减排有利于民生的保障和改善,利用好节能减排这个转变发展方式和加强宏观调控的关键环节,重点发展新能源产业和绿色产业,培育新兴产业的发展,形成新的经济增长点。

一般来说,工业、建筑和交通是三个主要的节能领域,而全社会关注的焦点和热点一直是工业节能,也被称为节能减排的"主力军"。工业领域高耗能、高污染行业产能过剩的矛盾难以化解,节能减排和应对气候变化的措施依然薄弱。故在绿色发展新形势下,为了推动中国工业的转型升级、治理大气污染和应对气候变化给人类带来的危害,就必须不断提高资源的利用效率,即能效革命是绿色发展新形势下的应对方式。

综上所述,我们可以看出生态文明观的诞生,是人类文化战略、价值观念以及思维方式转变的结果。目前我国经济发展面临越来越突出的资源环境制约、环境污染、生态系统破坏等问题,所以为了提高发展质量,不仅要改变长期以来粗放的经济发展方式,更要形成资源节约、环境友好的生产生活方式,具体应落实到发展循环经济、改善能源消费结构、节能减排等多个方面,因此生态文明建设的必经途径是增强可持续发展能力,促进节能减排,保护环境,应对气候变化给人类带来的破坏性后果。

第二节 企业生产流程各环节节能减排衡量指标的界定

一、企业生产流程各环节分析

一般来说，企业生产运作流程包括原材料采购、生产加工、企业销售和废弃物处理四个阶段，具体见图2-2。企业就是按照原材料采购、生产加工和产品销售，最后对废弃物进行处理四个环节完成整个生产过程的。

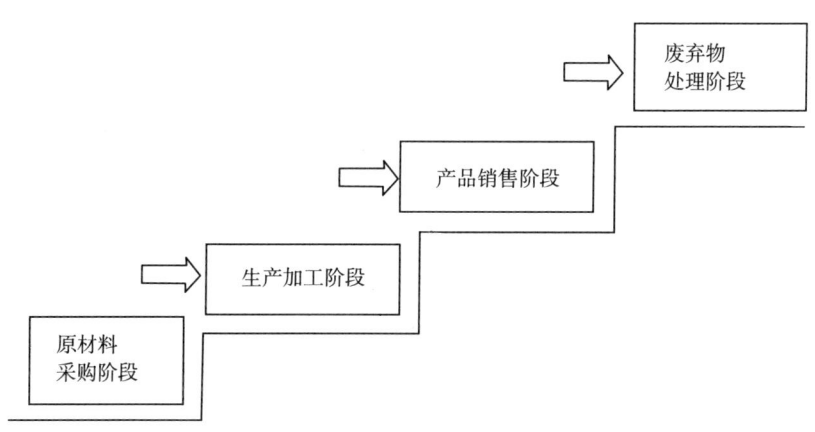

图2-2 企业生产运作流程全过程

（1）原材料采购阶段：该阶段是企业的启动阶段，就是企业根据生产需要采购相应的原材料，包括企业所需的能源、矿产等资源。这个阶段，企业为生产做事前准备，购买企业所需的一切能源或物资。

（2）生产加工阶段：企业生产运作的第二个阶段也是最突出、最重要的生产加工阶段。主要就是利用企业生产条件对产品进行加工并最终完成的阶段。

（3）产品销售阶段：企业产品加工完成之后，必然会进入产品销售阶段，这也是企业实现产品价值"最后一跳"的阶段。该阶段，企业将产成品直接销售,并与消费者直接接触。

(4) 废弃物处理阶段:该阶段主要对企业生产和销售过程中产生的废弃物,包括"三废"(废水、废物、废气)进行处理。

二、节能减排"四率"的界定

为便于分析,本书将企业生产运作过程划分为四个阶段,分别为原材料采购过程、生产加工过程、产品销售过程和废弃物处理阶段,根据每个阶段相应的逻辑关系,设定一个节能减排的衡量目标,分别对应为化石能源使用率、治污投资率、万元能耗率和固体废弃物综合利用率。

1. 原材料采购阶段指标——化石能源使用率

能源可以划分为化石能源、太阳能、风能等多种类型,其中化石能源是以石油、煤炭、天然气构成为主的不可再生资源。化石能源指的是远古时代就遗留下来的动植物遗骸在地下经过上万年演变形成的能源,主要有煤炭(植物化石转化)、石油(动物体转化)、天然气等,具有不可再生性。化石能源使用率是指化石能源的使用量占能源消费总量(全国各行业和居民生活在一定时期内消费的各种能源的总和)的比重,它是反映能源消费构成、观察能源消费水平、构成和增长速度的重要指标。1994~2013年化石能源使用率都高达90%以上,根据《中国统计年鉴》和《中国环境统计年鉴》的相关数据,化石能源使用率经计算整理得出,具体数据和发展走势见表2-2、图2-3。其中,1994年的化石能源使用率为94.3%,2003年的化石能源使用率为93.5%,2013年的化石能源使用率为90.2%。20年来,化石能源使用率略呈下降态势,但总体变化波动幅度不大,仍维持在90%以上。

表2-2 1994~2013年化石能源使用率

年份	1994	1995	1996	1997	1998	1999	2000	2001	2002	2003
化石能源使用率	0.943	0.939	0.94	0.936	0.935	0.94	0.936	0.925	0.927	0.935
年份	2004	2005	2006	2007	2008	2009	2010	2011	2012	2013
化石能源使用率	0.933	0.932	0.933	0.932	0.923	0.922	0.914	0.92	0.906	0.902

资料来源:《中国统计年鉴》(1995~2014年)。

第二章 生态文明视野下我国现行节能减排税收政策效应的定性分析

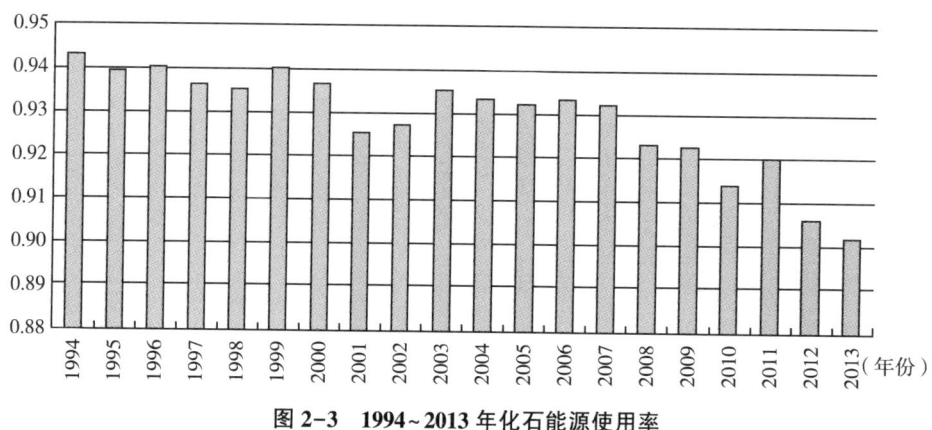

图 2-3 1994~2013 年化石能源使用率

World Energy Council（WEC）发布了《世界能源远景：2050 年的能源构想》报告，称到 2050 年，煤炭、石油和天然气等化石能源仍将是最重要的能源形式，在能源供应中占主导地位。中国的化石能源使用比率更是高达 90%以上。化石能源会在人类无穷无尽的开采中慢慢枯竭，甚至消耗殆尽。同时，又由于煤炭和石油等化石燃料的使用，还会产生大量的二氧化碳、氮氧化物、二氧化硫和可吸入颗粒等污染物，引发酸雨和温室效应，造成严重的环境污染。据调查研究显示，90%的人认为二氧化碳排放是化石能源消费活动产生的。因此，合理科学地使用石油、煤炭、天然气三种化石能源，不仅在一定程度上能够缓解能源危机，而且有助于实现经济的绿色崛起，实现经济的可持续发展。化石能源的节约，是实现美丽中国、生态发展的必然选择。

2. 生产加工阶段指标——治污投资率

治污投资率，全称为环境污染投资率，是指环境污染治理投资总额在国内生产总值中所占的比重，能够反映一个国家对污染治理的重视度和力度。在环保部《2013 年环境统计年报》中，环境污染治理投资被定义为城市环境基础设施建设、建设项目"三同时"和老工业污染源治理三个部分。相关数据表明，我国 2013 年的环境污染治理投资总额为 9037.2 亿元，而 2005 年的环境污染治理投资总额为 2388 亿元，增长了 3.78 倍；城市环境基础设施建设投资从 2005 年的 1289.7 亿元增加到 2013 年的 5223.0 亿元，增长了 4.04 倍；老工业污染源治理投资从 2005 年的 458.2 亿元增加到 2013 年的 849.7 亿元，增长了 1.85 倍；建设项目"三同时"投资从 2015 年的 640.1 亿元增加到 2013 年的 2964.5 亿元，增长了 4.63 倍。可以说，近年来全国环境污染投资增幅惊人，具体如图 2-4 所示。我国 2013 年的环境污染治理投资总额为 9037.2 亿元，约占国内生产总值（GDP）的 1.59%，占全社会固定资产投资总额的 2.02%，比上年增加了 9.5%。其中，城市环境基础设施建设投资为 5223.0 亿元，比上年增加了 3.2%；老工业污染源治理投资为 849.7 亿元，比 2012 年增加了 69.8%；建设项目"三同时"投资为 2964.5 亿元，比 2012 年增加了 10.2%。与此同时，2013 年老工业污染源治理、建设项目"三同时"、城市环境基础设施建设分别占环境污染治理投资总额的 9.4%、32.8%、57.8%。

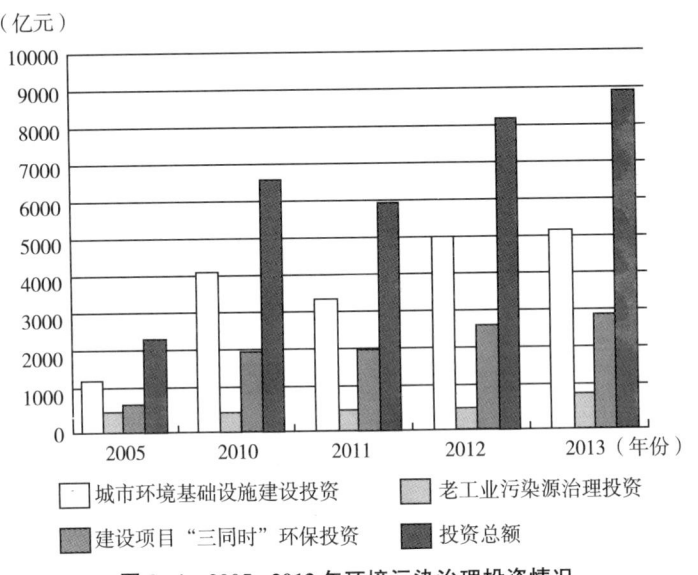

图 2-4 2005~2013 年环境污染治理投资情况

企业生产加工阶段，主要采用环境污染治理投资率，即环境污染治理投资总额占 GDP 的比重。为此，我们根据《中国统计年鉴》（1995~2014 年）以及《中国环境统计年鉴》（1998 年、2005~2013 年）等资料的相关数据，经计算并整理治污投资比率得出，具体见表 2-3，变动走势见图 2-5。1994 年治污投资率为 0.65，2003 年上升到 1.29，2013 年更是达到 1.67。20 年来，治污投资率增长了 2.6 倍。

第二章 生态文明视野下我国现行节能减排税收政策效应的定性分析

表 2-3 1994~2013 年治污投资率

年份	1994	1995	1996	1997	1998	1999	2000	2001	2002	2003
治污投资率	0.65	0.65	0.63	0.63	0.86	0.92	1.01	1.06	1.21	1.29
年份	2004	2005	2006	2007	2008	2009	2010	2011	2012	2013
治污投资率	1.29	1.39	1.29	1.38	1.57	1.54	1.9	1.5	1.59	1.67

资料来源：《中国统计年鉴》（1995~2014年）以及《中国环境统计年鉴》（1998年、2005~2013年）。

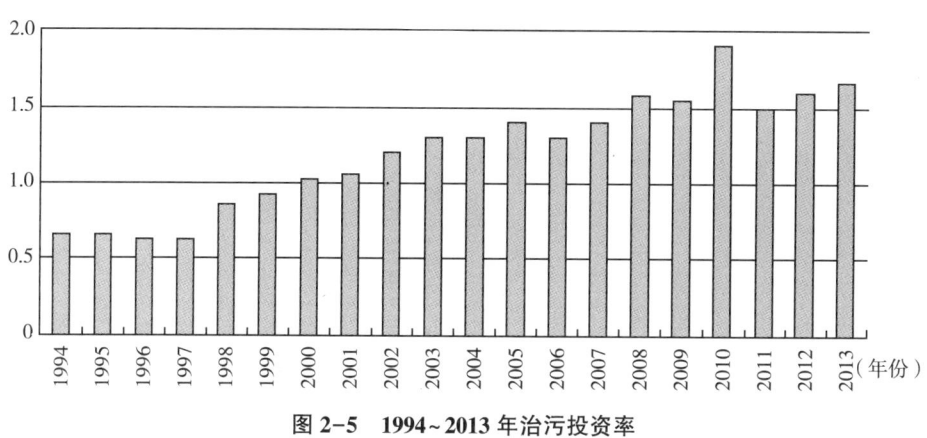

图 2-5 1994~2013 年治污投资率

3. 产品销售阶段指标——万元能耗率

万元能耗率指的是以每万元为单元计算的国内生产总值的能源消耗比率，计算方式是将能源消耗除以国内生产总值，其能够反映一个国家或地区的经济发展与能源消费之间的强度关系，也就是每创造一个单位的社会财富需要消耗的比率。万元能耗率越大意味着经济发展对能源的依赖程度越高，同时还能间接反映产业结构状况、能源消费构成、设备技术装备水平和利用效率等多方面内容。通过与上年数据的比较，万元能耗率能够检验节能降耗成效，也是对本年度各项节能政策措施效果的间接反映。

为此，我们根据《中国统计年鉴》（1995~2014年）等资料的相关数据，万元能耗率计算并整理得出万元能耗率，具体见表2-4，变动走势图见2-6。1994年的万元能耗率为2.55，2003年的万元能耗率为1.29，2013年的万元能耗率为0.66。20年来，万元能耗率在逐年下降。

表 2-4　1994~2013 年万元能耗率

年份	1994	1995	1996	1997	1998	1999	2000	2001	2002	2003
万元能耗率	2.55	2.16	1.95	1.74	1.57	1.49	1.4	1.31	1.26	1.29
年份	2004	2005	2006	2007	2008	2009	2010	2011	2012	2013
万元能耗率	1.27	1.23	1.2	1.16	1.1	1.07	0.81	0.74	0.7	0.66

资料来源：《中国统计年鉴》（1995~2014 年）。

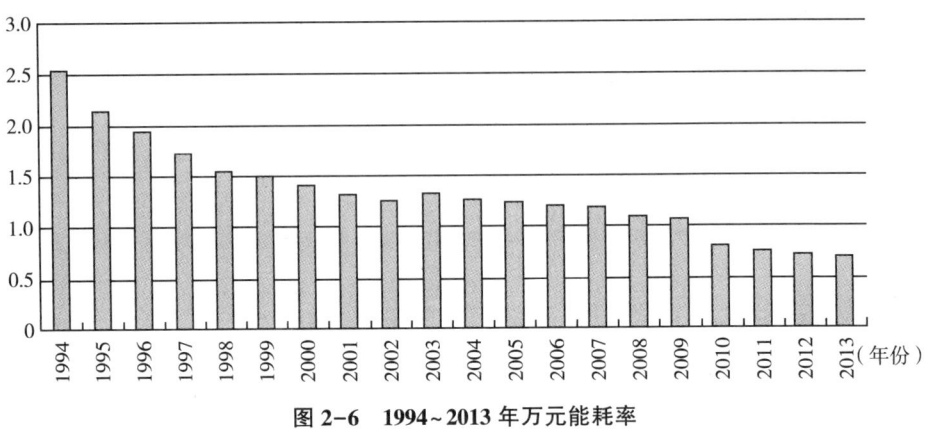

图 2-6　1994~2013 年万元能耗率

4. 废弃物处理阶段指标——固体废弃物综合利用率

企业生产运作过程的最后一个阶段就是废弃物处理阶段。该阶段的衡量指标本书选择固体废弃物综合利用率加以衡量。固体废弃物综合利用率是指固体废弃物综合利用量在固体废弃物产生量中所占的比重，能够反映企业二次利用固体废弃物的情况。

为此，我们根据《中国统计年鉴》（1995~2014 年）以及《中国环境统计年鉴》（1998 年、2005~2013 年）等资料的相关数据，计算并整理得出固体废弃物综合利用率，具体见表 2-5，变动走势图见 2-7。1994 年固体废弃物综合利用率为 0.42，2003 年固体废弃物综合利用率为 0.548，2013 年固体废弃物综合利用率为 0.622。20 年来，固体废弃物综合利用率在逐年提高。

表 2-5　1994~2013 年固体废弃物综合利用率

年份	1994	1995	1996	1997	1998	1999	2000	2001	2002	2003
固体废弃物综合利用率	0.42	0.429	0.43	0.456	0.483	0.456	0.459	0.521	0.519	0.548
年份	2004	2005	2006	2007	2008	2009	2010	2011	2012	2013
固体废弃物综合利用率	0.557	0.561	0.602	0.621	0.643	0.67	0.667	0.605	0.609	0.622

资料来源：《中国统计年鉴》（1995~2014 年）以及《中国环境统计年鉴》（1998 年、2005~2013 年）。

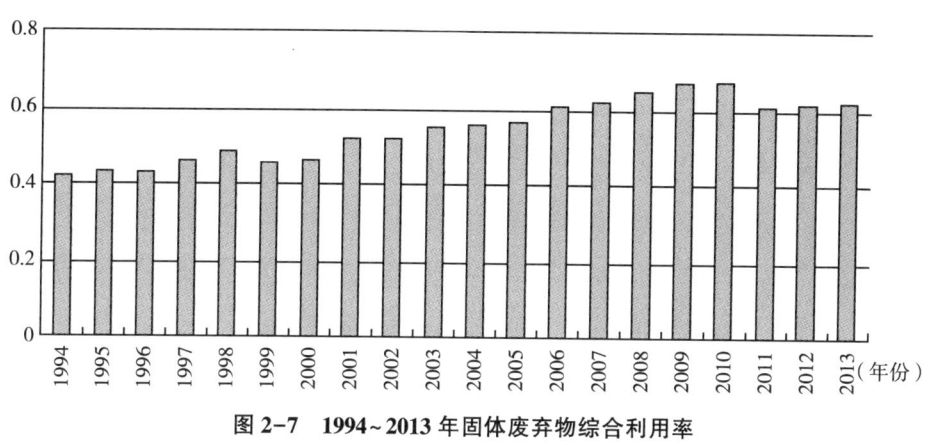

图 2-7　1994~2013 年固体废弃物综合利用率

综上所述，企业生产运作流程分四大阶段，每个阶段对应节能减排四大指标，简称"四率"。即原材料采购阶段节能减排对应化石能源使用率、生产加工阶段节能减排对应治污投资率、生产销售阶段节能减排对应万元能耗率、废弃物处理阶段节能减排对应固体废弃物综合利用率。通过对节能减排"四率"的分析，不仅可以探求节能减排的总体概况，还可以对企业生产运作流程加以研究，评价各环节节能减排税收政策的设计，使政策设计更为科学、规范、合理，也更易理解与操作。

三、节能减排税收政策的作用机理分析

节能减排是指企业在整个采购、生产、加工、销售过程中应该采取的节约能源和降低污染排放的措施。具体来说，企业应对节能减排采取的主要对策就是开源、节流、循环、保护。第一，"开源"指企业以绿色能源或可再生能源

代替传统能源。第二,"节流"是指节约能源,提高能源利用率并降低单位生产产品的能耗。第三,"循环"是指企业废弃物的综合利用。第四,"保护"是降低污染排放,保护环境。

税收政策是国家调控经济的重要手段,可以通过价格机制对资源配置起调控作用,促使企业自主调节负外部性能源的使用量或产品产量。税收政策对于节能减排的作用机理可分为两个方面:一是节能,二是减排(见图2-8)。从某种程度上来说,节能与减排是同时进行的,即在企业降低能源消耗的同时,其排放物一定也将随之减少。一方面,制订合理的税收政策可以使能源成本上升,促使企业提高能源利用率或者寻找替代能源。同时,税收的价格机制发挥作用,高污染效率低的设备价格被抬高,企业就会寻找低污染高效率的设备。另一方面,减税政策可以鼓励节能设备的使用与推广,并促进能源效率低的企业进行节能技术改造和产业升级。

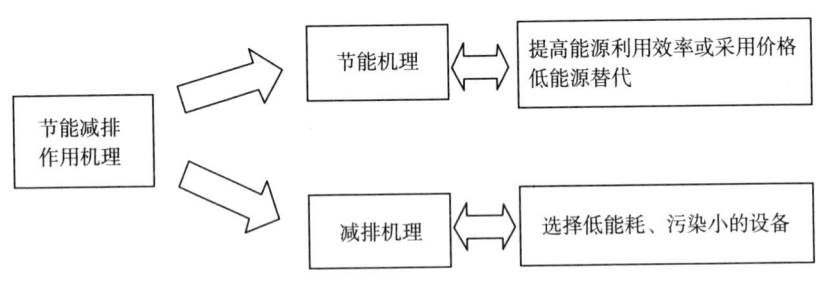

图 2-8 节能减排的作用机理

首先,征收资源税可以提高能源使用成本,从而可以促进资源节约和环境保护。资源税的征收对于促进资源保护和节约起到了一定的作用,它突出了资源有偿开采和使用的原则,也在一定程度上提高了资源的价格。资源税是根据厂商对自然资源的开采程度及其形成的环境污染和资源破坏程度,对其进行征收的一种税目。这些相应的税收政策,可以改变企业投入能源的需求结构,从而促进节能减排。资源税可以通过影响企业的能源使用成本,进而引导企业节约能源原材料,提高能源的利用效率,促使企业选择能耗低、排污低的设备进行生产。如图2-9所示,在没有征收资源税时,资源税的供给曲线和需求曲线分别是 S 和 D，均衡的产量为 Q_0，对生产者征收了资源税后，供给曲线变成了 S_t，与需求曲线相交形成新的均衡产量为 Q_t，征税后产量从 Q_0 下降到 Q_t。资源税的征税，提高了化石能源的使用成本，抑制了化石能源的使用量，降低了化石能源使用率。

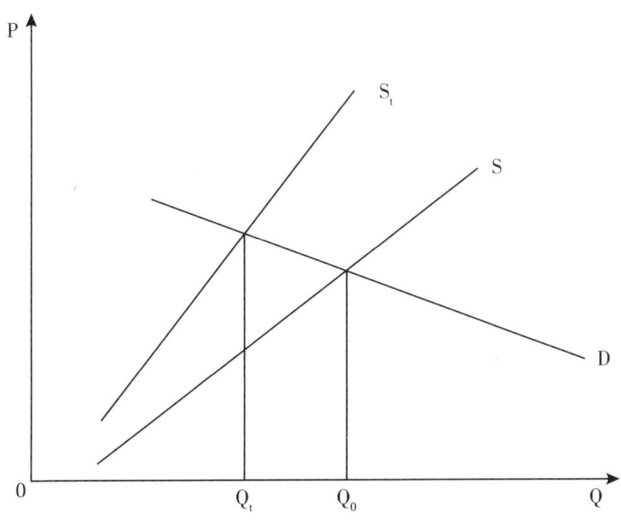

图 2-9　资源税节能减排作用机理

其次，税收政策通过采取相应的优惠措施鼓励企业促进节能减排。比如通过企业所得税和增值税，采用加速折旧、税收抵免、加速折旧等税收优惠政策使企业提高节能减排的意识，减少浪费资源并提高能源的利用水平，促进新能源的开发和利用，淘汰高耗能、高污染的技术和设备，从而使产业结构发生调整，间接促进节能减排，相当于给了企业额外的财政补贴。

再次，针对固体废弃物征税，也即"庇古税"。依据污染者付费原理，将污染者的外部成本纳入其私人成本中，让其生产的私人成本与社会成本相等，解决私人生产成本过低的外部不经济问题。如图 2-10 所示，MB 曲线表示每一产量水平下的边际收益，MPC 曲线表示边际私人成本，MD 曲线表示在每一产量水平上的边际损害。对于微观个体而言，它决定的最佳产量取决于其私人的边际成本和私人的边际收益，也即 MPC 与 MB 相交对应的产量 Q_1；而对于社会而言,由于私人生产对他人产生了伤害也即负的外部性 MB,故此,社会的最佳产量为 Q_E。通过税收的征收,实现社会产量的最优,减少污染物的排放,实现帕累托最优。

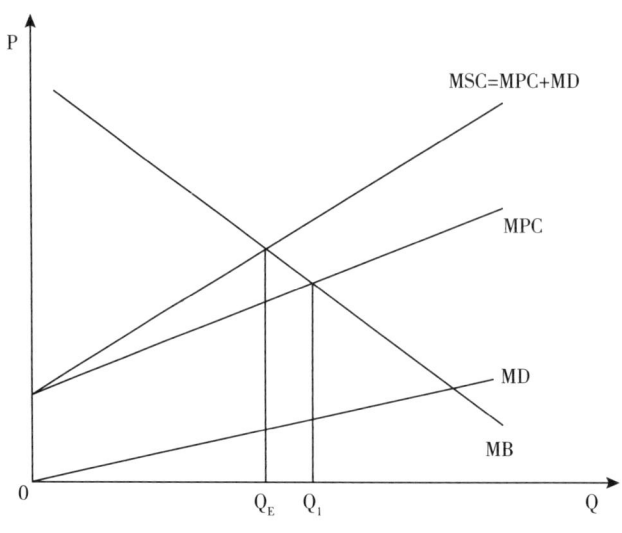

图 2-10 污染物征税的庇古税模型

最后,通过征税,烫平了环境库兹涅茨曲线。20 世纪 50 年代诺贝尔奖获得者库兹涅茨提出了库兹涅茨曲线,该曲线被用来分析人均收入水平与收入分配公平的逻辑关系。各国相关数据研究显示,收入分配的贫富差距与经济增长之间呈现倒 U 形曲线关系,先升后降。同样,环境污染与经济发展水平也呈现出倒 U 形,也即环境库兹涅茨曲线。发达国家的发展历史告诉我们,他们走的是一条"先污染,后治理"的道路。如图 2-11 中 E 点的左边,环境污染程度曲线由低到高,即随着人均收入水平的增加而加剧。即经济发展初期,环境污染的程度较轻,但随着经济的不断发展和人均收入水平的增加,环境污染程度越来越严重,环境恶性事件频发;但当经济发展达到一定水平后,环境污染程度曲线又从高转低,即随着人均收入水平的增加而减缓;如图 2-11 中 E 点的右边,这是因为人均收入水平提升到一定程度,人们体内的环境意识不断被激发出来,开始重视环境治理,故环境污染程度减缓只是时间问题,环境质量改善是最终结果。也就是说，环境污染也存在"拐点"，也就是图 2-11 中的 E 点。节能减排税收通过有抑有扬的政策设计，烫平了库兹涅茨曲线，降低了污染，让拐点在 E 的左边出现。

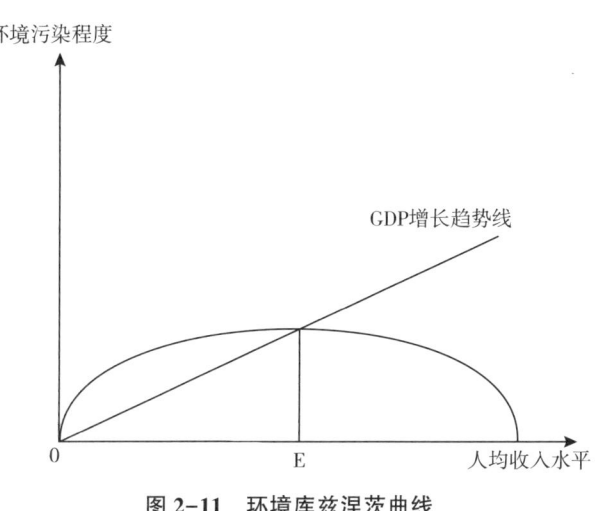

图 2-11 环境库兹涅茨曲线

第三节 我国资源短缺、能源耗用及污染排放现状

一、我国资源短缺的现状

众所周知，我国自然资源丰富，但人口众多，人均能源资源相对匮乏，企业快速发展，对资源的需求也更加急迫，很多资源已经告急。资源短缺已经很难支撑现代经济的持续增长，这是当下中国的基本国情。主要表现如下：

一是能源和矿产等资源库存不足。我国目前的能源状况可以概括为地大但未必物博，除煤炭以外的资源都处于紧缺状态。数据显示，2003 年我国煤资源的全年开采量为 900 亿~1200 亿吨，占全球的 11.6%，而储量为 10077 亿吨，如按照此速度消耗，我国煤资源可开采年限大概为70年。相比之下，我国石油资源储量仅为42亿吨，占全球的2.4%，如果每年产出1.2亿吨，仅仅28年就会被消耗殆尽。天然气的情况亦不容乐观，储量仅为8500亿立方米，占比仅为石油占比的一半，如果年均产出270亿立方米的话，也只能采31年。我国水坝数量居全球首位，水能资源丰富，但太阳能、生物质能和潮汐能等新能源的利用仍然处于研发阶段，大规模利用能力还有待提高。单就矿产资源来说，我国的基本情况就是总量丰富但人均占有量低；种类多样但大宗矿产稀缺，或者是已探明的储量不足，或者是质量较差，而且许多矿产对进口的依赖性呈现增强趋势。我国矿产贫多富少，铁矿就是其中之一，只有不到5%的铁矿为富矿。此外，较其他国家而言，我国能源开发利用率和利用程度并不高，并且对生态的破坏更大。我国存在能源、矿产的总量不足、质量差、人均占有率低等问题，且未能对其进行保护与合理利用，因此我国的生态破坏、环境污染程度日趋严重。

二是淡水资源枯竭。我国的水资源总量为28000亿立方米，世界排名第6位，然而可用水量仅11000亿立方米，人均水资源不到2200立方米，为世界人均水量的25%，排名已在100名之外。我国的需水量受人口数量的增长和经济的飞速发展的影响而不断提升，已经快达到了可供水资源总量的极限。我国水资源的南多北少是不争的事实，16个省份的人均水资源拥有量低于用水紧张线（联合国标准为1700立方米）。全国共660座城市，其中357座（包含121座严重缺水）缺水。我国可用水资源不仅少，而且破坏严重。很多城市由于过度开采地下水资源，造成了"漏斗"型地陷，北京就有近千平方公里存在地陷。而不断修建的水利工程由于改变了河道，导致部分河流产生了断流现象。河道的断流容易造成地下水下降，和下游河道的淤泥堆积，对防洪安全带来负面影响。

三是土地、森林等资源紧张。我国平原占国土资源面积的比例小，仅为12%，优质耕地更少。我国耕地面积为18.5亿亩，人均占有面积还不到世界水平的30%。而近几年又由于多方面原因使耕地面积以年均1000多万亩的速度减少，更是加剧了人均耕地资源少的窘况。据悉，全国已有666个县的人均耕地面积超过了0.8亩的警戒线（此标准为联合国粮农组织确定），其中有463个县已经低于0.5亩。预计到2030年，我国的人均耕地会低于1亩。土地,特别是优质耕地的减少,将会对土地承载力已达极限的我国的粮食安全造成巨大的冲击。我国的森林资源呈现出总量少、人均水平低（仅为世界人均水平的1/8）、分布不均（大多集中于大小兴安岭、长白山地、青藏高原）的特点,远远不能满足大规模经济建设与生态环保对森林资源的需求。我国草场面积仅为2.6亿公顷,人均面积仅仅为世界人均的1/3,并且其中劣等草场比例就占到了近2/5。总体上看,土地、森林、草场资源的不足正日渐成为制约我国人与自然和谐发展的一个瓶颈。

二、企业生产能源耗用的现状

近年来,经济高速发展的同时也伴随着能源消费快速增加,中国目前已经是世界上排名第二位的能源生产国和消费国。我国能源年消耗量2000~2011年的11年间增加了20.2亿吨标准煤,增长率高达138.36%,并且近年来的增长速度呈加快趋势。根据2000~2013年的《中国统计年鉴》,对能源消费总量及其构成整理见表2-6。

表2-6 能源消费量的绝对值与相对值

年份	能源消费总量（万吨标准煤）	占能源消费总量的比重（%）			
		煤炭	石油	天然气	水电、核电、风电
2000	145531	69.2	22.2	2.2	6.4
2001	150406	68.3	21.8	2.4	7.5
2002	159431	68	22.3	2.4	7.3
2003	183792	69.8	21.2	2.5	6.5
2004	213456	69.5	21.3	2.5	6.7
2005	235997	70.8	19.8	2.6	6.8
2006	258676	71.1	19.3	2.9	6.7
2007	280508	71.1	18.8	3.3	6.8
2008	291448	70.3	18.3	3.7	7.7
2009	306647	70.4	17.9	3.9	7.8
2010	324939	68	19	4.4	8.6
2011	348002	68.4	18.6	5	8

续表

年份	能源消费总量（万吨标准煤）	占能源消费总量的比重（%）			
		煤炭	石油	天然气	水电、核电、风电
2012	361732	66.6	18.8	5.2	9.4
2013	375000	66	18.4	5.8	9.8

资料来源：《中国统计年鉴》（2012~2013年）。

从表2-6可以看出煤炭、石油、天然气这三种化石能源在我国的能源消费中仍然占据主要地位。化石能源的消耗带来的温室气体不断增加，会造成温室效应增强，导致全球气候变暖。表2-7中显示水电、核电、风电等非化石能源的消费比重总体呈现递增趋势，从2000年的6.4%增长到2013年的9.8%，增长了3.4个百分点，但是消费比重仍较小。我国能源消费总量逐年递增，从2000年的14.6亿吨到2013年的37.5亿吨，并且能源消费的增速加快。按此发展趋势，到2020年我国的能源消费总量预计将上升至80亿吨，届时我国不但会出现能源危机，而且会出现严重的环境危机。

一方面，能源消费需求旺盛带来能源危机；另一方面，能源的浪费很严重。从能源效率来看，世界先进水平为49%，我国仅为33%；我国能源系统效率（能源开采量转为终端有用能）在开采、加工、运输和终端利用中损耗近90%，效率仅为11.1%；2006年中国GDP达到世界GDP总量的5.5%，但能源、钢材、水泥的消耗却分别占全世界的15%、30%和54%。我国机动车油耗较发达国家高出了1/5，单位建筑面积采暖能耗比气候条件相近国家高出1~2倍。工业耗水将近世界平均水平的4倍，已经是世界先进水平的10多倍。农业灌溉用水利用系数为0.4，而国外先进水平达到了0.8。在未来的十几年，预计我国人口仍将高速增长，人们消费结构的升级也会逐渐加快。如果仍以现有的能源资源利用水平来实现2020年GDP翻两番的经济发展目标，则能源资源消耗会为现在的4~5倍，能源资源供求失衡情况严重，生态环境负荷也会逐渐加重。

三、企业生产的污染排放现状

近期，我国政府逐渐加大对节能减排方面的投资力度，非常重视能源及环

第二章 生态文明视野下我国现行节能减排税收政策效应的定性分析

境问题。从2012年与2013年来看,环境污染治理投资分别为8253.5亿元和9516.5亿元,分别同比增加了16.02%和15.30%。在减排方面我国的努力也初见成效:2013年的污染物排放相比上一年有所下降,其中化学需氧量排放量、氨氮排放量、二氧化硫排放量、氮氧化合物排放量分别下降2.9%、3.1%、3.5%、4.7%。2014年,化学需氧量排放量同比下降2.47%,氨氮排放总量同比下降2.90%,二氧化硫排放量同比下降3.40%,氮氧化物排放量同比下降6.70%。但我国污染排放的总体情况仍不容乐观,2014年我国能耗及污染物排放量仍居世界前列,二氧化碳、化学需氧量及二氧化硫等污染物的排放量高居世界第一位。2014年,国内二氧化硫排放量高达974.4万吨、烟尘1259万吨、工业粉尘1275万吨,环境污染相当严重。与发达国家比较,我国单位GDP的废水排放量要高4倍,单位工业增加值产生的固体废弃物要高10倍多。全国大多数的主要城市环境质量恶劣。特别是2013年1~4月,中国中、东部大部分地区的大中城市经常遭遇雾霾、沙尘暴等恶劣天气,PM2.5指数直逼最大值。2015年冬季,北方众多城市PM2.5指数爆表,启动红色和橙色预警。环境问题成为民众关注的热点问题。

在"十二五"规划纲要中,我们对此提出了新的目标:到2015年全国单位GDP耗能要比2010年降低16%,全国化学需氧量(COD)和二氧化硫排放总量分别控制在2347.6万吨、2086.4万吨,比2010年的2551.7万吨、2267.8万吨各减少了8%,分别新增削减能力601万吨、654万吨;全国氨氮和氮氧化物排放总量分别控制在238万吨、2046.2万吨,比2010年的264.4万吨、2273.6万吨各减少10%,分别新增削减能力69万吨、794万吨。"十三五"期间,我国任务艰巨,一方面要完成对国际承诺的低碳目标(到2020年单位GDP碳排放要比2005年下降40%~45%),另一方面还要为中长期低碳发展目标奠定基础(完成中美气候变化联合声明中提出的我国在2030年左右达到碳排放的峰值的目标),并且要在环境指标方面取得较明显成效。

可见,我国高耗能与低产出、高污染和低治理的粗放型经济模式在国内国外的双重压力下,节能减排已势在必行,这不仅关系到经济的可持续发展,更关系到当下的生态文明建设。

第四节 我国节能减排税收政策演进及存在的问题

一、增值税节能减排税收政策的演进及存在的问题

增值税是以商品（含应税劳务）在流转过程中产生的增值额作为计税依据而征收的一种流转税。从计税原理上说，增值税是一种流转税，主要对商品生产、流通、劳务服务中多个环节的新增价值或商品的附加值进行征收。我国自1979年开始试行增值税，历经1984年和1994年的两次重要改革。2008年11月，经国务院审议通过《中华人民共和国增值税暂行条例》，并于2009年1月1日起实施。此条例的实施意味着增值税转型改革在全国范围内的全面推开，对避免重复征税、降低企业设备投资税收负担、鼓励企业技术进步、促进产业结构调整提供了法律保障。为了节能减排，该条例鼓励企业购买低能耗、更环保的设备，并进一步完善了提高资源利用率及环保方面的税收优惠政策。

增值税节能减排主要是指鼓励企业在生产过程中保护环境、节约资源，实现节能减排，促进企业可持续发展。具体体现为企业对资源的综合利用和再生资源以及鼓励节能减排等项目的各种税收优惠政策。我国增值税优惠政策主要有：第一，免征税政策。第二，即征即退政策。第三，先征后退政策。第四，低税率政策。

具体的增值税节能减排的税收政策汇总见表2-7。

表2-7 增值税节能减排的税收政策

优惠政策	适应对象	税率
免征税	售再生水、以废旧轮胎为全部生产原料生产的胶粉、翻新轮胎、生产原料中掺兑废渣比例不低于30%的特定建材产品等自产货物；污水处理劳务；各级政府及主管部门委托自来水厂（公司）随水费收取的污水处理费	0

第二章　生态文明视野下我国现行节能减排税收政策效应的定性分析

续表

优惠政策	适应对象	税率
即征即退	以工业废气为原料生产的高纯度二氧化碳产品、以垃圾为燃料生产的电力或者热力（包括利用垃圾发酵产生的沼气生产销售的电力或者热力）；以煤炭开采过程中伴生的舍弃物油母页岩为原料生产的页岩油；以废旧沥青混凝土为原料生产的再生沥青混凝土；采用旋窑法工艺生产的水泥（包括水泥熟料）或者外购水泥熟料采用研磨工艺生产的水泥（掺兑废渣比例≥30%）	即征即退100%
	销售以退役军用发射药为原料生产的涂料硝化棉粉；退役军用发射药（生产原料中的比重≥90%）；对燃煤发电厂及各类工业企业产生的烟气、高硫天然气进行脱硫生产的副产品；以废弃酒糟和酿酒底锅水为原料生产的蒸汽、活性炭、白炭黑、乳酸、乳酸钙、沼气；废弃酒糟和酿酒底锅水（生产原料中所占的比重≥80%）；以煤矸石、煤泥、石煤、油母页岩为燃料生产的电力和热力（煤矸石、煤泥、石煤、油母页岩用量占发电燃料的比重≥60%）；利用风力生产的电力；部分新型墙体材料产品	即征即退100%
先征后退	销售自产的综合利用生物柴油；综合利用生物柴油（以废弃的动物油和植物油为原料）；废弃的动物油和植物油（生产原料的比重≥70%）；一般纳税人抽采销售煤层气	先征后退100%
低税率	销售和进口自来水、暖气、冷气、热水、煤气、石油液化气、天然气、沼气、居民用煤炭制品、二甲醚等在内的货物	13%

我国现行增值税制度在促进节能减排中的不足主要有以下几点：

第一，当前我国增值税征收方式单一，对于各类的企业均实施相同的征收方式，即对产品的增值部分进行征税。高新技术企业的产品原材料成本低，但产品增值额高，增值税容易降低企业利润，抑制企业对新技术研发的主动性。如果希望企业继续使用节能减排设备，从而达到高效利用资源，进而促进环境保护的目的，国家就必须发挥税收的杠杆作用来补偿利润过低的企业。

第二，目前的增值税设置对废旧资源的循环再利用并没有起到特别的激励作用，由于废旧物质再利用成本很低，增值部分所占的比重较高，使这些企业要缴纳更多的增值税，从而加重了企业的税收负担。另外，如果企业在生产过程中大量使用节能减排设备，则整个研发过程不仅环节多，而且各环节的增值率会很高，节能减排设备如果被赋予过高的增值税压力，那么对于节能减排设备的技术创新将是不利的。

需要注意的是，对一些污染严重的产品如煤炭和农药产品，我国采取了低税率或免税政策，这将不利于我国的节能减排和环境保护，与目前的环境和资源保护政策更是背道而驰。

二、消费税节能减排税收政策演进及存在的问题

消费税是以应税消费品的流转额作为课税对象的各种税收的统称，是政府向应税消费品征收的税项，可在批发、零售、进口以及委托加工环节征收。消费税属于间接税，是流转税中的一个税种，是在1994年税制改革中新设置的。1994年1月1日，我国开始征收消费税。2006年，国务院、国家税务总局对消费税的税目、税率及相关政策进行了调整，新增高尔夫球及球具、高档手表、游艇、木制一次性筷子、实木地板等税目，增列成品油税目，取消了护肤护发税目，此外还调整了白酒、小汽车、摩托车、汽车轮胎等的税负水平。2009年1月1日，《中华人民共和国消费税暂行条例》经修订后开始实施。相关税目包括成品油、汽车轮胎、摩托车、小汽车、鞭炮、焰火、木制一次性筷子等。这些税目消费品能耗高，且易产生环境污染。消费税实行价内税，由消费者直接承担。

目前，我国消费税主要是对部分浪费资源和造成环境污染较大的产品实行高税率的措施，例如，柴油、汽油等能源类产品及烟火、鞭炮、汽车等容易造成污染和能耗高的产品，通过征收消费税的方式来引导消费方向，促使企业转向清洁生产，从而贴近我国保护环境以及节能减排的政策。在促进节能减排方面，我国消费税政策主要有：

第一，成品油消费税的改革。为促进能源节约，我国成品油的消费税政策进行过一系列调整。2014年11月28日，财政部和国家税务总局联合调整我国成品油消费税标准，上调成品油消费税，取消气缸容量250毫升（不含）以下的小排量摩托车消费税。气缸容量250毫升的摩托车继续按3%税率征收，250毫升（不含）以上的摩托车继续按10%的税率征收。

第二，取消汽车轮胎税目。取消车用含铅汽油消费税，汽油税目不再划分

第二章　生态文明视野下我国现行节能减排税收政策效应的定性分析

二级子目,统一按照无铅汽油税率征收消费税。将汽油消费税单位税额在现行单位税额基础上提高0.12元/升;将柴油、航空煤油和燃料油的消费税单位税额在现行单位税额基础上提高0.14元/升,而航空煤油继续暂缓征收。2014年12月12日,中国汽油消费税单位税额由1.12元/升提高到1.4元/升,中国柴油消费税单位税额由0.94元/升提高到1.1元/升。2015年1月12日,财政部、国家税务总局联合发布《关于继续提高成品油消费税的通知》(财税〔2015〕11号),将汽油、石脑油、溶剂油和润滑油的消费税单位税额提高了0.12元/升;将柴油、航空煤油和燃料油的消费税单位税额提高了0.1元/升,自2015年1月13日起执行。由此可见,我国开始注重对能源消费的节约。提升成品油的税率,必然推高了能源的成本,有利于约束消费者对能源的过度消费。

第三,调整小汽车消费税的税率,促进节能汽车生产与清洁消费。为了保护不可再生资源并限制对污染的排放,自2009年1月1日起,对小汽车(乘用车和中轻型商务用车)实行差别税率征收消费税,依据排量大小,税率从1%到4%。根据国家汽车分类标准,将小汽车税目分为中轻型商用车和乘用车两类。对于中轻型商用车统一实行5%的税率;而对于乘用车,按其气缸容量即排气量从小到大分别适用1%、3%、5%、9%、12%、25%和40%,从低到高共七档的不同税率。可见,这不仅充分体现了"排气量大税负重、排气量小税负轻"的原则,而且也极为符合我国减排的目的,鼓励消费者更多地选择小排气量汽车。不仅如此,我国还对采用新能源的节能环保型汽车采取了新的税收优惠政策。例如,我国从2012年1月1日起,对节约能源的车船减半征收车船税,对使用新能源的车辆免征车船税。

第四,增加消费税税目。2015年2月,电池、涂料等也被列入消费税征收范围,征收的环节覆盖生产、委托加工和进口,实行4%的税率。这是继成品油消费税上调之后,对消费税征收范围的一次"扩容"。再次体现了促进节能减排和环境保护,也体现了对消费税今后的调整方向。

消费税在税收体系中对财政收入的贡献是很大的,但是目前消费税对节能减排的作用效果仍不明显,主要存在以下几个方面的问题:

首先,从消费税征收范围看,目前我国征收消费税的商品大致可以分为三类:一是不利于环境保护节约资源的产品,如汽车、成品油、实木地板、木制筷子等；二是不利于人民群众身心健康的产品如烟、酒等；三是奢侈品，如贵重的首饰珠宝、高档玉石、高尔夫球及球具、游艇、手表等。消费税主要以增加财政收入为主要目的，其在引导消费方面的作用也比较偏重于奢侈消费方面，而很少体现节能减排的目的。

其次，消费税的征收范围不够广。这主要体现在众多高排放、高耗能的产品中只有石油加工业和交通运输设备制造业被列入其中，煤炭等其他高排放的产品仍未能纳入其征税范围内。此外，由于我国的消费税为价内税，消费者已经在商品价格中支付了购买高能耗、高排放产品时所缴纳的消费税，因此造成了消费者并不知道自己已经为环境污染缴过税了，以至于节能减排的意识没有得到很好的宣传。

最后，消费税的优惠范围过窄，使我国对于使用如天然气、风力、水力等新型（或可再生）能源的企业的支持难以得到充分的体现。

三、企业所得税节能减排税收政策演进及存在的问题

企业所得税是指对中华人民共和国境内的企业（居民企业及非居民企业）和其他取得收入的组织以其生产经营所得为课税对象所征收的一种所得税。1994年，我国进行税制改革，实行统一的内资企业所得税制度。企业所得税按33%的比例税率实行，对于减轻企业税负和简化企业所得税的计算方法起到了一定的作用。2007年3月，我国企业所得税采用25%的比例税率。此外，非居民企业适用税率为按20%征收企业所得税；符合条件的小型微利企业可享受减按20%的税率征收企业所得税的税收优惠政策。国家需要重点扶持的高新技术企业，减按15%的税率征收企业所得税。我国在2008年1月1日统一内外资企业所得税后施行新的企业所得税法。在节能减排方面，我国采用的企业所得税税收优惠主要有：

第一，税额优惠。税额抵免是指企业购买并使用节能环保设备，如果该设备符合《节能节水设备企业所得税优惠目录》《安全生产设备企业所得税优惠目录》《环境保护设备企业所得税优惠目录》，可按设备投资金额的10%抵免税额，如果当年税额不足抵扣，可在以后连续5年的时间里继续抵免扣除。同时，对从事公共污水处理、公共垃圾处理、沼气综合开发利用、节能减排技术

第二章 生态文明视野下我国现行节能减排税收政策效应的定性分析

改造和海水淡化等项目的企业,实行"三免三减半"税收优惠政策。

第二,税基优惠。为鼓励企业加大研发,对企业进行新产品、新技术及新工艺研发的费用,按 1.5 倍税前扣除;已形成无形资产的,按该项无形资产的 150% 进行摊销;为鼓励创新投资,对到没上市的中小型高新技术企业进行投资,且持有股份超过两年及两年以上的,可按投资金额的 70% 抵扣当年的应纳税所得额;如未扣完,可在下一年继续扣除。为鼓励综合利用,将《资源综合利用企业所得税优惠目录》中的资源物品作为原材料,生产符合标准规定的产品,可减少计税收入,按 90% 核算。对于技术进步、产品更新换代快的固定资产,可采取加速折旧增加税前扣除。

第三,税率优惠。对国家重点扶持的高新技术企业,可比法定税率低 10 个百分点,按 15% 征税。通过税额、税基和税率的减免优惠,让企业将环保技术转化为产业成果,有利于促进新能源开发利用,引进节能减排的新技术和装备,促进企业节能减排。

不过,我国企业所得税在促进节能减排中存在诸多不足,主要有以下几点:

首先,相对于节能减排工作,企业所得税的制定、贯彻和落实上还存在诸多需要完善的地方,特别是在建立较明显的奖励惩罚制度方面。现存的企业所得税对于企业的一些不利于节能减排的行为尚且缺乏相应的惩罚规定,或者即使有相应的罚款作为惩罚,其惩罚的力度与企业所获得的利润相比起来仍然是微不足道,达不到其真正的作用,使众多的企业并没有改变在低水平上大肆生产、排放的陋习,所造成的环境污染也越发严重。另外,针对部分采用高新技术进行生产的企业,我国却未能给予较多的税收优惠与税后激励,使这些企业的积极性大打折扣。同时,在现有的优惠减免政策中,要么有有效时间的限制,要么有众多的限制性条件,优惠政策对企业的激励没有得到充分利用。

其次,节能减排规定的税收优惠的范围较窄。《中华人民共和国企业所得税法》(以下简称《企业所得税法》)规定,"三免三减半"优惠只针对购置且实际使用专用设备或从事环境保护、节能节水项目(包括公共污水处理、公共垃圾处理)的企业,然而对于企业自建污水处理厂、垃圾处理站等项目却没有优惠,那么企业就很难对节能减排有很大的主动性。

最后，税收优惠很难惠及中小企业。如企业从事符合条件的环保、节能节水项目，则根据《企业所得税法》规定，可享受一定期限的减免税。企业购置并实际使用符合条件规定的专用设备，其设备投资额的10%可以从当年的应纳税所得额中抵免，然而享受的前提是企业必须有利润，往往环保方面的投资无法在短期甚至长期内取得经济效益，那么企业就无法获得税收政策的扶持，但这又正好是这些中小企业最需要的。

四、资源税节能减排税收政策演进及存在的问题

资源税是以各种应税自然资源为课税对象、为了调节资源级差收入并体现国有资源有偿使用而征收的一种税。1984年，为了逐步建立和健全我国的资源税体系，我国开始征收资源税。"1984年9月国务院正式颁布《中华人民共和国资源税条例（草案）》，鉴于当时的环境，资源税只有煤炭、石油和天然气三种税目，之后增加了铁矿石这一税目。"1993年12月25日国务院重新修订颁布了《中华人民共和国资源税暂行条例》，扩大了资源税的征收范围，由过去的煤炭、石油、天然气、铁矿石少数几种资源扩大到原油、天然气、煤炭、其他非金属矿原矿、黑色金属矿原矿、有色金属矿原矿和盐七种，自1994年1月1日起执行。其后，财政部、国税总局陆续调整过资源税相关政策，具体见表2-8。2011年11月1日起修改后的《中华人民共和国资源税暂行条例》正式实施，对资源税纳税人、税目、税率及计征方法上有所调整，资源税的征收在从量计征基础上增加从价定率的计征办法。主要内容包括：一是在计税方法方面，对石油、天然气的资源税由原来的从量计征改为从价计征，并且对于部分高价的稀缺资源的征税标准有所提高；二是对中外合作油气田和海上自营油气田征收的矿区使用费予以取消，统一改征资源税，实现部分的费改税。2014年9月29日召开的国务院第64次常务会议做出决定，自2014年12月1日起清理相关收费基金，对煤炭资源税实施从价计征改革。经国务院批准，2015年5月1日起，对稀土、钨、钼资源税清费立税，实施从价计征。2016年7月1日，除黏土、砂石等少数矿产品实行从量定额计征外，全部实行从价计征。2016年，河北省试点水资源税。

第二章 生态文明视野下我国现行节能减排税收政策效应的定性分析

表 2-8 我国资源税的税收政策变动情况

2006 年 1 月 1 日	取消对有色金属矿的优惠政策，减少对冶金矿山铁矿石的优惠政策，上调钼矿石、锰矿石的资源税适用税额，税率上调 3 倍左右
2007 年 8 月 1 日	上调铜、铅锌和钨矿石三种矿产品的资源税税额，上调幅度 5 倍左右
2010 年 6 月 1 日	对原油、天然气按 5%从价计征进行试点
2011 年 4 月 1 日	上调稀土矿原矿资源税税额，上调幅度至少 10 倍
2012 年 2 月 1 日	对锡矿石、钼矿、滑石、硼矿石、菱镁矿和铁矿石 6 种矿产资源的适用税率全面上调，其中锡矿石的调高幅度最大，调高了将近 20 倍；钼矿石每档调高了 4 元/吨，滑石、硼矿调高 17 元/吨，菱镁矿调高了 13 元/吨，而铁矿石也由减按规定税率的 60%征收调整为减按规定税率的 80%来征收
2014 年 12 月 1 日	在全国将煤炭资源税由从量计征改为从价计征，税率由省级政府在规定幅度内确定。清理涉煤收费基金，停止征收煤炭价格调节基金，取消原生矿产品生态补偿费、煤炭资源地方经济发展费等，取缔省以下地方政府违规设立的涉煤收费基金
2015 年 5 月 1 日	稀土、钨、钼资源税由从量计征改为从价计征，并按照不增加企业税负的原则合理确定税率。将稀土、钨、钼的矿产资源补偿费费率降为零，停止征收相关价格调节基金，取缔省以下地方政府违规设立的相关收费基金
2016 年 7 月 1 日	除黏土、砂石等少数矿产品仍从量定额计征外全部从价计征。全面清理涉及矿产资源的收费基金，将矿产资源补偿费费率降为零，停止征收价格调节基金。在河北省试点水资源税

资源税的开征，在一定程度上加大了生产企业的生产成本，有效遏制了企业对资源的过度开采，有益于促进自然资源的有效利用，有助于节能减排。近些年，国家对资源税进行了多次调整，其主要目的之一就是提高资源价格，提高资源使用成本，提高使用资源效率，提高资源的综合利用水平，有效推进企业的节能减排工作。目前，我国现行资源税涵盖的范围相对较窄，主要涉及七个税目，除石油、天然气、煤炭以及部分矿产品试点实行从价计征外，其他的都是采用从量计征，并且税额较低，资源税增幅不够，资源税对节能减排的作用相当有限。目前我国资源税在促进节能减排中存在的主要问题有：

首先，征税范围较窄。自然资源的包含范围广，包括矿产资源、土地资源、水资源、动植物资源、大气资源等多种资源。而目前我国现行资源税却仅仅涵盖了七种资源税目，并未对大气资源等征收资源税，水资源税仅仅在河北省试点征收，征收的范围比较狭窄。这其中的许多资源是我们不可或缺的保护性资源，但我国却未能对这些自然资源的随意开采利用进行有效的限制，不能起到保护的作用。所以，应该逐步扩大资源税的征税范围。

其次，资源税改革未能有效对接资源回采率。资源税由从量计征改为从价计征，其税额的大小与多少应该与对应的矿产资源的售价相挂钩，因为价格机制的有效运行可以使煤炭企业进一步提高煤炭的利用水平。由于我国煤炭产量多来源于井工矿，以中小煤炭企业为主，这种企业为了尽可能地降低开采成本，追求短期利润，往往选择开采较为容易的矿，并且因其开采水平和技术有限，造成了煤炭资源的大量浪费。因此，资源税改革并未能有效对接资源回采率。同时，为兼顾资源开采企业的实际负担能力，我国的资源税税率水平较低，也难以起到合理开采和利用的作用。

我国现有资源税征收的范围窄、税率低，是导致资源税在我国税制体系中地位甚微的一大主因，这一原因的存在导致我国的资源税在保护自然资源、促进节能减排方面的作用不大，资源税往往面临"雷声大，雨点小""功能弱、幅度小、税额低"的困境。

本章小结

随着经济的飞速发展，我国的环境不断恶化，资源严重耗费，节能减排势在必行。工业企业的"四率"，即原材料采购阶段的化石能源使用率、生产加工阶段的治污投资率、产品销售阶段的万元能耗率、废弃物处理阶段的固体废弃物综合利用率，总体趋势逐渐向好，但形势仍不容乐观。增值税、消费税、企业所得税和资源税这"四税"在可持续发展、节能减排和生态文明建设的理念下，税制不断绿化，对节能减排起到了较好的促进作用，但由于制度设计本身的不完备和现实主客观原因的约束，"四税"仍然存在诸多的不足和缺陷。

第三章 我国节能减排"四税"与"四率"政策效应实证分析[①]

第一节 节能减排税收中的"四税"

近年来我国税制在不断改革,税种也在不断减少,但是税种的门类相当繁多。到目前为止,税种有近二十种,分布在五大门类中,包括流转税、所得税、资源税、财产税和行为税。与此同时,由于我国没有专门的节能减排方面的税收,为了便于对节能减排税收政策效应进行有效研究,本书选取了与节能减排关系最为密切的税种,包括增值税、消费税、资源税与企业所得税。一方面,这四种税种与节能减排的关联度最高,也最为有效。另一方面,这些税种在《中国统计年鉴》和《中国税务年鉴》中有相关的数据,容易获取和加工整理。因此,本书将之称为节能减排"四税"。

众所周知,增值税、消费税、资源税和企业所得税不仅是企业税收的重要构成部分,还是与企业节能减排相关的主要税种。其中,节能减排的增值税与企业所得税主要是由七个应税项目构成,即原煤、原油、成品油、机械、设备、发电及供电等。而节能减排消费税和资源所得税主要由三个应税项目构成,消费税包括成品油、小汽车和摩托车等;资源税包括煤炭、石油和天然

[①] 该部分成果已在《税务研究》发表。

气等。

对 1994~2013 年《中国统计年鉴》和《中国税务年鉴》的统计数据加以计算并整理,见表 3-1。

表 3-1 1994~2013 年节能减排的"四税"与总体税收收入

单位:亿元

年份	节能减排增值税	节能减排消费税	节能减排资源税	节能减排企业所得税	节能减排总收入	总体税收收入
1994	579.65	87.42	12.13	107.47	786.67	5070.79
1995	658.83	98.22	14.6	136.52	908.17	5973.75
1996	718.15	109.74	16.4	135.33	979.62	7050.61
1997	782.9	126.57	18.8	156.81	1085.08	8225.51
1998	897.36	144.48	21.6	143.65	1207.09	9092.99
1999	1056.1	148.28	24.3	168.68	1397.36	10134.97
2000	1213.44	158.44	29.13	242.6	1643.61	12665.8
2001	1416.9	160.85	33.57	354.57	1965.89	15165.47
2002	1391.11	191.72	40.11	331.25	1954.19	16996.56
2003	1985.31	218.73	42.11	393.49	2639.64	20466.14
2004	2565.62	316.97	44.98	527.83	3455.4	25723.48
2005	3184.47	336.86	66.49	731.09	4318.91	30867.03
2006	3856.35	577.8	95.87	1147.6	5677.62	37637.04
2007	4781.81	684.91	117.39	1527.51	7111.62	49451.8
2008	5853.85	755.4	128.27	1895.77	8633.29	57861.8
2009	6127.56	2446.16	139.64	1636.65	10350.01	63103.6
2010	7409.07	3071.07	173.11	2306.43	12959.68	77394.44
2011	8366.82	3290.97	292.15	3258.43	15208.37	95729.46
2012	8882.91	3575.45	487.81	3431.48	16377.65	110764.04
2013	9096.52	3623.26	512.57	3497.7	16730.05	119959.91

资料来源:《中国统计年鉴》(1995~2014 年)、《中国税务年鉴》(1995~2014 年)。

第三章 我国节能减排"四税"与"四率"政策效应实证分析

由表 3-1 可以看出，1994~2013 年，总体税收收入稳步上升，而节能减排税收也在不断增加。一般来说，节能减排税收占总体税收的 11%~17%。20 年来，总体税收从 5070.79 亿元增加到 119959.91 亿元，与此同时，节能减排总收入由 786.67 亿元上升到 16730.05 亿元，增加了 21.27 倍，两者之间的对比见图 3-1。伴随总体税收的快速增长，节能减排总收入也在不断增加。如上所述，节能减排总收入主要由增值税、消费税、资源税和企业所得税四个主要税种所构成。

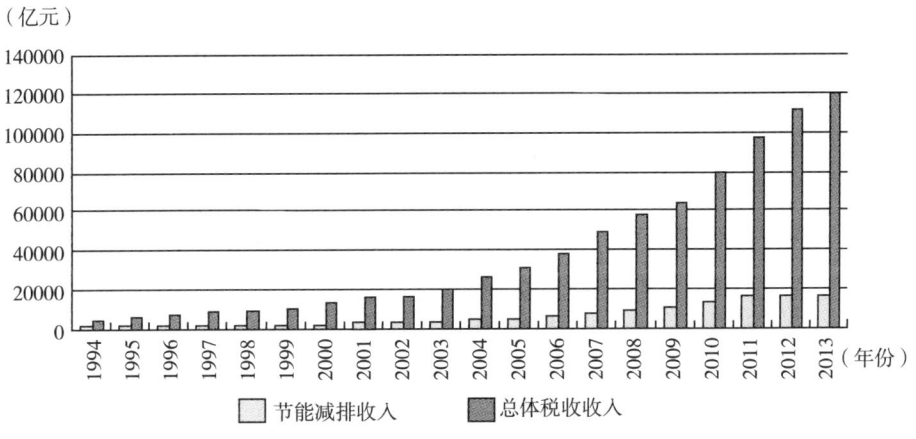

图 3-1 1994~2013 年节能减排收入与总体税收收入的对比

近年来，伴随时间的推移，节能减排增值税、消费税、资源税和企业所得税都在逐年上升，只是各个税种的增幅各不相同。其中，节能减排增值税在节能减排总收入中占比最高，几乎占了半壁江山。虽然增值税从 1994 年的 73.68% 下降到 2013 年的 54.37%，但还是节能减排税负之中最高的。仅排其后的是消费税和企业所得税。消费税、企业所得税比例有一到两成，它们的变化正好呈相反的方向。其中，消费税由 1994 年的 11.11% 增长到 2013 年的 21.66%，而企业所得税则由 1994 年的 13.66% 逐渐上升到 2013 年的 20.9%。最后比例最小的非资源税莫属，一直保持在 1%~3%。总的来说，节能减排四税各有变化，但变化还不够明显。具体来说，1994~2013 年节能减排四税的变动态势见图 3-2。

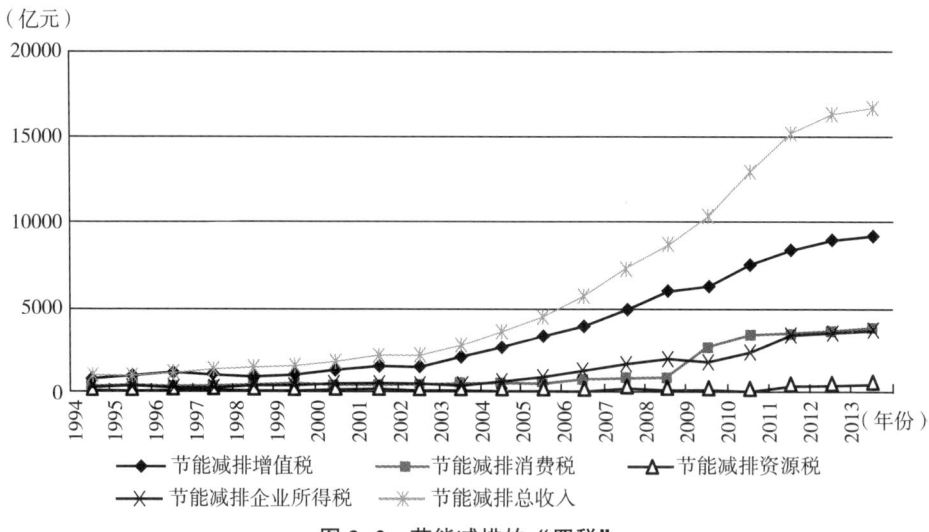

图 3-2 节能减排的"四税"

节能减排的增值税收入主要由七个应税项目构成，即原煤、原油、成品油、机械、交通设备发电以及供电等。1994~2013 年节能减排的增值税，主要是通过对《中国税务年鉴》（1995~2014 年）有关成品油、机械、设备、原煤、原油、发电和供电的应税项目汇总计算而得。一般节能减排增值税占增值税比重的 20% 左右。根据《中国税务年鉴》和《中国统计年鉴》的数据加以整理计算，1994~2013 年的节能减排增值税见图 3-3。

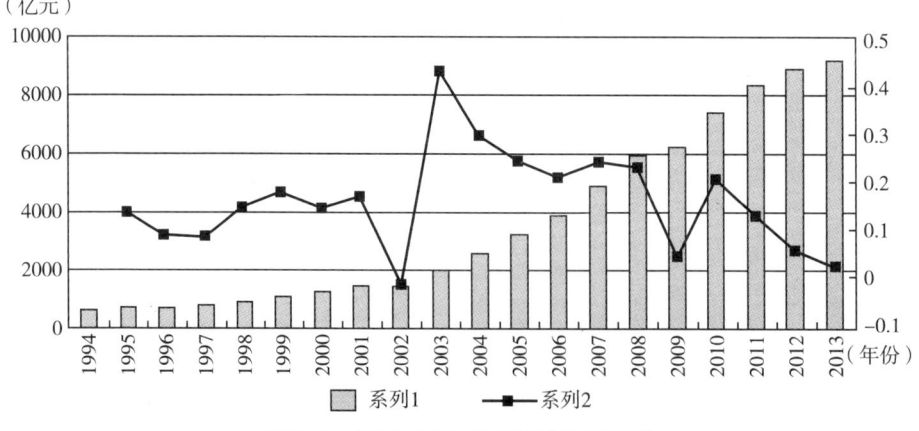

图 3-3 1994~2013 年节能减排增值税

第三章 我国节能减排"四税"与"四率"政策效应实证分析

如图3-3所示,近年来,节能减排增值税正在不断稳步增长,每年波动不大,稳中有升。节能减排增值税从1994年的579.65亿元上升到2013年的9096.52亿元,20年增加了15.69倍。期间增幅变化不大,但2002年增幅下降后,2003年迅速增加了0.427。节能减排增值税,主要归计为原煤、原油、成品油、机械、设备、发电和供电共七个应税项目。

如上所述,节能减排消费税主要由三个应税项目构成,即成品油、小汽车和摩托车等。节能减排的消费税,主要是通过对《中国税务年鉴》(1995~2014年)有关小汽车、摩托车和汽油的应税项目汇总计算而得。根据《中国税务年鉴》和《中国统计年鉴》的数据加以整理计算,1994~2013年的节能减排消费税见图3-4。

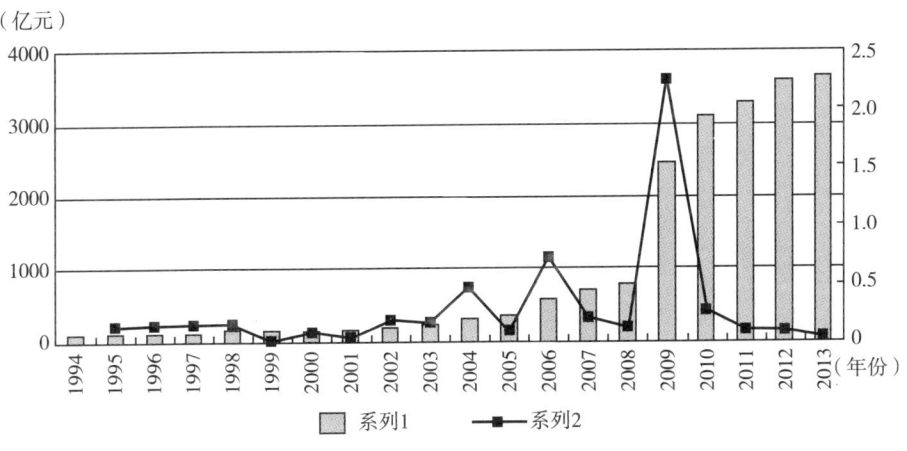

图3-4　1994~2013年节能减排消费税

如图3-4所示,近年来,节能减排消费税正稳步上升,每年增幅不大,其中2009年出现较大增幅,之后的增幅又很小。节能减排消费税从1994年的87.42亿元上升到2013年的3623.26亿元,20年增加了41.45倍。其中,每年的增幅变化不大,其中2009年增加了2.238倍,节能减排增值税主要归计小汽车、摩托车和汽油三个子项目。

如上所述,节能减排资源税收入主要由三个应税项目构成,即煤炭、石油和天然气等。1995~2014年节能减排的资源税，主要是通过对《中国税务年鉴》（1995~2014年）有关煤炭、石油、天然气的应税项目汇总计算而得。根据《中国税务年鉴》和《中国统计年鉴》的数据加以整理计算，1994~2013年的节能减排资源税见图3-5。

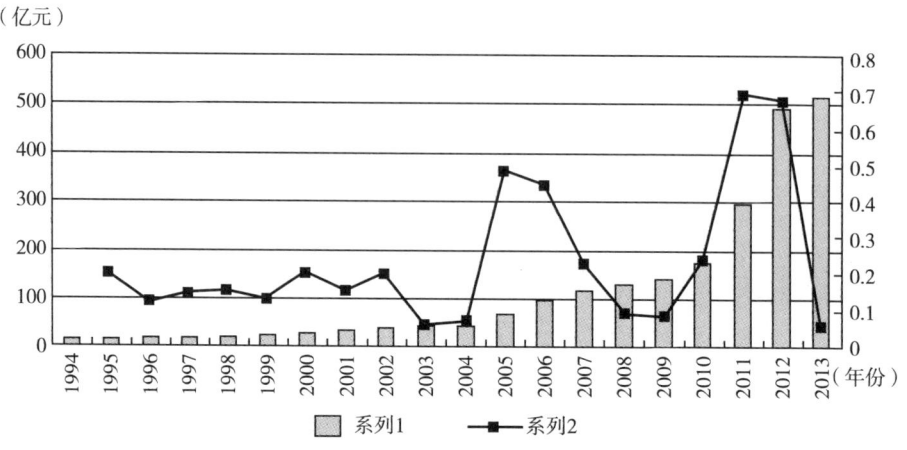

图3-5 1994~2013年节能减排资源税

如图3-5所示，近年来，节能减排资源税逐年在不断增加，其中分别在2005年和2011年出现了两次较大幅度的增长。节能减排资源税从1994年的12.13亿元上升到2013年的512.57亿元，20年增加了42.26倍。其中，每年的增幅变化不大，其中2004年增加了0.48，2011年增加了0.69，2012年增加了0.67，节能减排资源税主要归计煤炭、石油、天然气三个子项目。

如上所述，节能减排企业所得税收入主要由七个应税项目构成，即原煤、原油、成品油、机械、设备、发电及供电等。1995~2014年节能减排的企业所得税，主要是通过对《中国税务年鉴》（1995~2014年）有关成品油、机械、交通设备、原煤、原油、发电以及供电等应税项目汇总计算而得。根据《中国税务年鉴》和《中国统计年鉴》的数据加以整理计算，1994~2013年的节能减排企业所得税见图3-6。

如图3-6所示，近年来，节能减排企业所得税正在不断稳步增长，有波

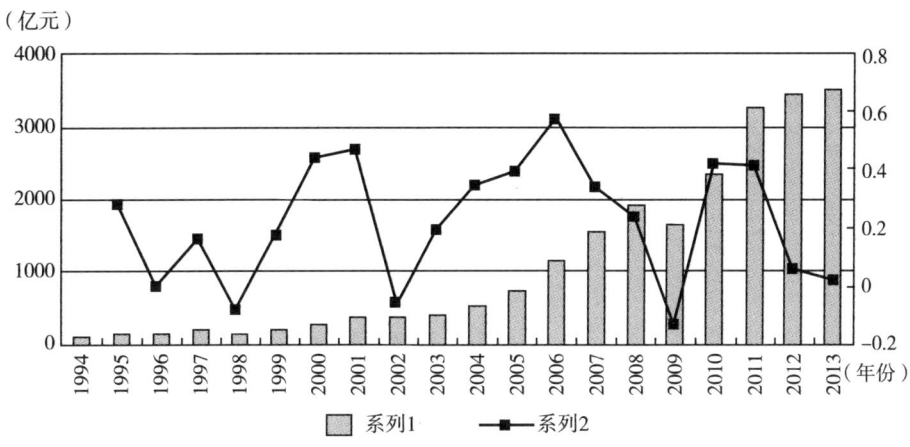

图 3-6　1994~2013 年节能减排企业所得税

动,但不大。节能减排企业所得税从 1994 年的 107.47 亿元上升到 2013 年的 3497.7 亿元,20 年增加了 32.55 倍。其中,每年的增幅变化不大,节能减排企业所得税主要归计原煤、原油、成品油、机械、交通设备、发电和供电七个应税项目。

第二节　节能减排税收的"四税"与"四率"

一、节能减排的"四税"

为有效了解税收政策对节能减排是否具有积极的促进作用,本书以节能减排"四税"作为研究对象,但为了避免自相关性,减少异方差和时间序列对构建模型的影响,本书选择相对数,采用节能减排"四税"占总体税收收入的比例为节能减排"四税"的衡量指标。根据表 3-1,我们分别用节能减排增值税、节能减排消费税、节能减排资源税以及节能减排企业所得税,除以总体税收收入,分别得出了节能减排"四税"占总体税收收入的比重,详见表 3-2。

表 3-2　节能减排"四税"占总体税收的比重

单位:%

年份	节能减排增值税占总体税收比重	节能减排消费税占总体税收比重	节能减排资源税占总体税收比重	节能减排企业所得税占总体税收比重
1994	11.43	1.72	0.24	2.12
1995	11.03	1.64	0.24	2.29
1996	10.19	1.56	0.23	1.91
1997	9.52	1.54	0.23	1.91
1998	9.87	1.59	0.24	1.58
1999	9.34	1.46	0.24	1.66
2000	8.18	1.25	0.23	1.92
2001	9.7	1.06	0.22	2.34
2002	9.97	1.13	0.24	1.95
2003	10.32	1.06	0.21	1.92
2004	10.25	1.23	0.17	2.05
2005	9.97	1.09	0.22	2.37
2006	10.32	1.54	0.25	3.05
2007	10.25	1.39	0.24	3.09
2008	9.67	1.31	0.22	3.28
2009	10.12	3.88	0.22	2.59
2010	9.71	3.97	0.22	2.98
2011	8.74	3.44	0.31	3.4
2012	8.02	3.23	0.44	3.1
2013	7.58	3.02	0.43	2.92

如表 3-2 所示，节能减排增值税所占比重一般都在 8%~12%，节能减排消费税和企业所得税所占比重一般在 2%~4%，而资源税比重最低，一般在 0.2%~0.4%。具体见图 3-7。

第三章 我国节能减排"四税"与"四率"政策效应实证分析

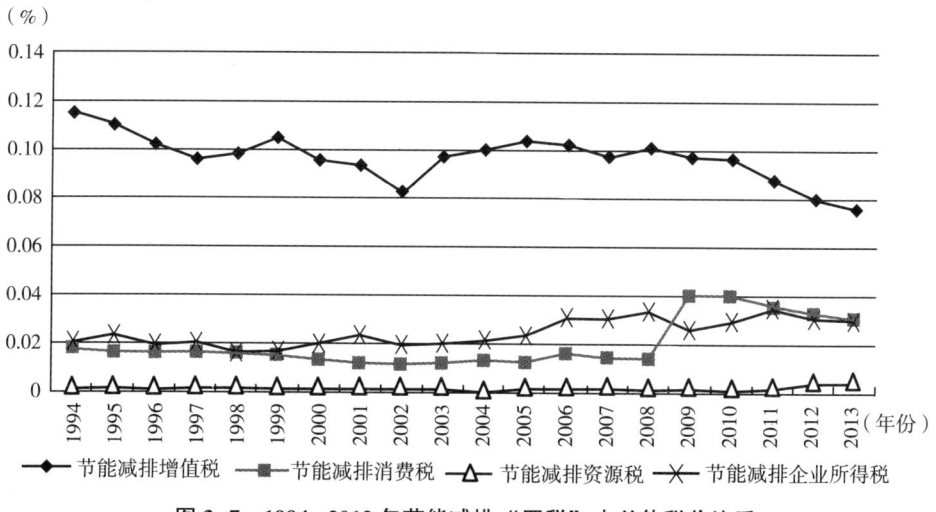

图 3-7　1994~2013 年节能减排"四税"占总体税收比重

二、节能减排的"四率"

企业的生产运作流程，一般分为原材料采购、生产加工、产品销售和废弃物处理四个阶段。围绕每个阶段的节能减排，分别对应设立了四个指标，即化石能源使用率、治污投资率、万元能耗率和固体废弃物综合利用率。根据 1995~2014 年的《中国统计年鉴》和《中国环境统计年鉴》，本书估算出化石能源使用率、治污投资率、万元能耗率和固体废弃物综合利用率的数据，见表 3-3 和图 3-8。

表 3-3　企业生产运作流程中节能减排的"四率"

年份	化石能源使用率	治污投资率	万元能耗率	固体废弃物综合利用率
1994	0.943	0.65	2.55	0.42
1995	0.939	0.65	2.16	0.429
1996	0.94	0.63	1.95	0.43
1997	0.936	0.63	1.74	0.456
1998	0.935	0.86	1.57	0.483
1999	0.94	0.92	1.49	0.456

续表

年份	化石能源使用率	治污投资率	万元能耗率	固体废弃物综合利用率
2000	0.936	1.01	1.4	0.459
2001	0.925	1.06	1.31	0.521
2002	0.927	1.21	1.26	0.519
2003	0.935	1.29	1.29	0.548
2004	0.933	1.29	1.27	0.557
2005	0.932	1.39	1.23	0.561
2006	0.933	1.29	1.2	0.602
2007	0.932	1.38	1.16	0.621
2008	0.923	1.57	1.1	0.643
2009	0.922	1.54	1.07	0.67
2010	0.914	1.9	0.809	0.667
2011	0.92	1.5	0.736	0.605
2012	0.906	1.59	0.696	0.609
2013	0.902	1.67	0.659	0.622

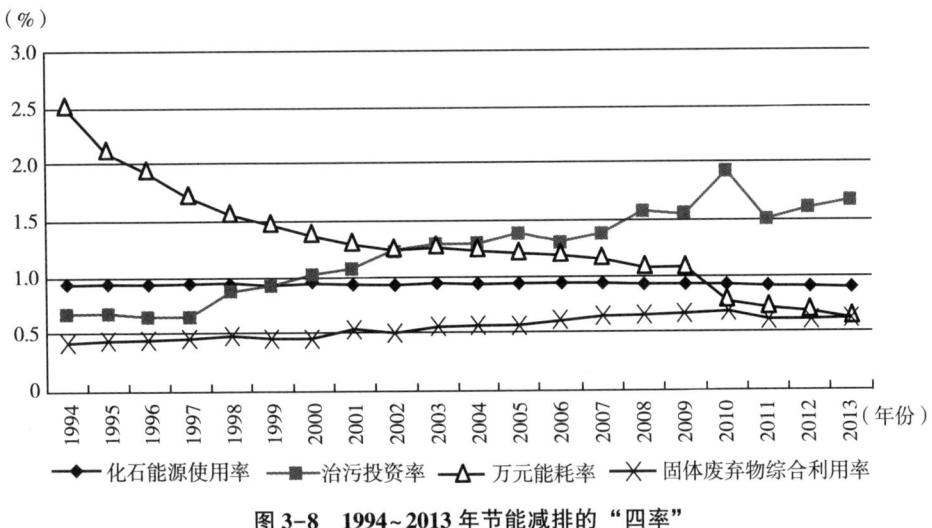

图 3-8　1994~2013 年节能减排的"四率"

如表 3-3 所示，化石能源使用率和万元能耗率在稳步下降，前者的降幅

第三章 我国节能减排"四税"与"四率"政策效应实证分析

有限,但后者的降幅却很惊人。化石能源使用率从 1994 年的 0.943 下降到 2013 年的 0.902。20 年来,中国经济取得了快速发展,但是我国的化石能源率却没有多大改变。可见,我国主要还是依靠煤炭、石油等化石能源来驱动中国的经济发展。与此同时,万元能耗率的降幅却很惊人,万元能耗率从 1994 年的 2.55 直接下降为 2013 年的 0.659,降幅达到 74.2%。另外,20 年来的治污投资率和固体废弃物综合利用率却始终保持稳中有升,特别是治污投资率从 1994 年的 0.65 逐步上升至 2013 年的 1.67,增幅达到了 156.9%,可以说,治污投资率增幅尤为明显。相比较有点逊色的是固体废弃物综合利用率,其增幅不大,仅为 50%。可以说,这些数据一方面反映了 20 年来我国节能减排"四率"的变化,另一方面也体现了我国节能减排所取得的成绩。节能减排"四率"的波动情况具体见图 3-8。

第三节 节能减排的"四税"与"四率"的实证分析

一、研究假设

众所周知,税收政策能促进节能减排。节能减排增值税、消费税、资源税和企业所得税的变动必然会带来节能减排目标的实现。为此,我们对节能减排税收与企业生产过程中的节能减排各指标进行探索性研究。据此,特提出如下五大假设:

假设 1:节能减排"四率"指标与节能减排税收的"四税"之间存在着长期均衡关系;即节能减排中各税收政策会带来企业生产运作过程中各阶段的节能减排目的。

假设 2:原材料采购阶段,资源税与化石能源使用率存在显著关系;资源税的征收会提高原材料采购的成本,因此,提高资源税有利于降低化石能源使用率。

假设 3:生产加工阶段,企业所得税与治污投资率存在显著关系;企业生

节能减排税收政策研究

产加工过程中,促进企业节能减排的税收方式有很多,包括加速折旧、税前扣除、减计收入等,降低企业所得税,有利于提高治污投资率。

假设4:产品销售阶段,消费税与万元能耗率存在显著关系;企业产品销售过程中,对产品征收消费税有利于降低万元能耗率。

假设5:固体废弃物处理阶段,增值税与固体废弃物综合利用率存在显著关系。废弃物处理阶段,对固体废弃物综合利用实行增值税税收优惠有助于提高固体废弃物综合利用率。

二、研究设计

(一)变量选择及说明

我国节能减排税收政策零星分散在相关税种中,其中,最具代表性的税种分别是增值税、消费税、资源税与企业所得税。为了对我国节能减排的税收政策效应进行有效检验,本书进行了如下的实证研究,以节能减排税收中的"四税"(S1、S2、S3、S4)作为解释变量,将节能减排不同环节的"四率"(L1、L2、L3、L4)设定为被解释变量。这些变量具体表述如下:

S1:表示节能减排增值税占总体税收的比重。

S2:表示节能减排消费税占总体税收的比重。

S3:表示节能减排资源税占总体税收的比重。

S4:表示节能减排企业所得税占总体税收的比重。

L1:表示节能减排化石能源使用率。

L2:表示节能减排治污投资率。

L3:表示节能减排万元能耗率。

L4:表示节能减排固体废弃物综合利用率。

(二)模型设计与数据说明

本书主要是对中部地区的节能减排"四税"和"四率"进行实证分析,并构建如下多元对数回归模型。方程两边取对数,并加入随机误差 ε。模型构建如下:

模型1:$LN(L1) = C + \beta_1 * LN(S1) + \beta_2 * LN(S2) + \beta_3 * LN(S3) + \beta_4 * LN(S4) + \varepsilon$

第三章 我国节能减排"四税"与"四率"政策效应实证分析

模型2：LN(L2)=C+β1*LN(S1)+β2*LN(S2)+β3*LN(S3)+β4*LN(S4)+ε

模型3：LN(L3)=C+β1*LN(S1)+β2*LN(S2)+β3*LN(S3)+β4*LN(S4)+ε

模型4：LN(L4)=C+β1*LN(S1)+β2*LN(S2)+β3*LN(S3)+β4*LN(S4)+ε

其中，数据方面，本书选择的是1994~2013年的相关样本数据。其中，S1、S2、S3、S4、L1、L2、L3、L4这8个指标根据《中国税务年鉴》（1995~2014年）和《中国统计年鉴》（1995~2014年）以及《中国环境统计年鉴》（1998年、2005~2013年）的相关统计数据整理计算得出，具体见表3-4。

表3-4 节能减排的"四税"与"四率"

年份	S1	S2	S3	S4	L1	L2	L3	L4
1994	11.43	1.72	0.24	2.12	0.94	0.65	2.55	0.42
1995	11.03	1.64	0.24	2.29	0.94	0.65	2.16	0.43
1996	10.19	1.56	0.23	1.91	0.94	0.63	1.95	0.43
1997	9.52	1.54	0.23	1.91	0.94	0.63	1.74	0.46
1998	9.87	1.59	0.24	1.58	0.94	0.86	1.57	0.48
1999	9.34	1.46	0.24	1.66	0.94	0.92	1.49	0.46
2000	8.18	1.25	0.23	1.92	0.94	1.01	1.4	0.46
2001	9.7	1.06	0.22	2.34	0.93	1.06	1.31	0.52
2002	9.97	1.13	0.24	1.95	0.93	1.21	1.26	0.52
2003	10.32	1.06	0.21	1.92	0.94	1.29	1.29	0.55
2004	10.25	1.23	0.17	2.05	0.93	1.29	1.27	0.56
2005	9.97	1.09	0.22	2.37	0.93	1.39	1.23	0.56
2006	10.32	1.54	0.25	3.05	0.93	1.29	1.2	0.6
2007	10.25	1.39	0.24	3.09	0.93	1.38	1.16	0.62
2008	9.67	1.31	0.22	3.28	0.92	1.57	1.1	0.64
2009	10.12	3.88	0.22	2.59	0.92	1.54	1.07	0.67
2010	9.71	3.97	0.22	2.98	0.91	1.9	0.81	0.67
2011	8.74	3.44	0.31	3.4	0.92	1.5	0.74	0.61

续表

年份	S1	S2	S3	S4	L1	L2	L3	L4
2012	8.02	3.23	0.44	3.1	0.91	1.59	0.7	0.61
2013	7.58	3.02	0.43	2.92	0.9	1.67	0.66	0.62

资料来源：《中国税务年鉴》（1995~2014年）和《中国统计年鉴》（1995~2014年）以及《中国环境统计年鉴》（1998年、2005~2013年）。

对于表3-4数据求对数，得出表3-5。

表3-5 取对数后节能减排的"四税"与"四率"

年份	Ln(S1)	Ln(S2)	Ln(S3)	Ln(S4)	Ln(L1)	Ln(L2)	Ln(L3)	Ln(L4)
1994	2.436241	0.542324	-1.42712	0.751416	-0.06188	-0.43078	0.936093	-0.8675
1995	2.400619	0.494696	-1.42712	0.828552	-0.06188	-0.43078	0.770108	-0.84397
1996	2.321407	0.444686	-1.46968	0.647103	-0.06188	-0.46204	0.667829	-0.84397
1997	2.253395	0.431782	-1.46968	0.647103	-0.06188	-0.46204	0.553885	-0.77653
1998	2.2895	0.463734	-1.42712	0.457425	-0.06188	-0.15082	0.451076	-0.73397
1999	2.234306	0.378436	-1.42712	0.506818	-0.06188	-0.08338	0.398776	-0.77653
2000	2.101692	0.223144	-1.46968	0.652325	-0.06188	0.00995	0.336472	-0.77653
2001	2.272126	0.058269	-1.51413	0.850151	-0.07257	0.058269	0.270027	-0.65393
2002	2.299581	0.122218	-1.42712	0.667829	-0.07257	0.19062	0.231112	-0.65393
2003	2.334084	0.058269	-1.56065	0.652325	-0.06188	0.254642	0.254642	-0.59784
2004	2.327278	0.207014	-1.77196	0.71784	-0.07257	0.254642	0.239017	-0.57982
2005	2.299581	0.086178	-1.51413	0.86289	-0.07257	0.329304	0.207014	-0.57982
2006	2.334084	0.431782	-1.38629	1.115142	-0.07257	0.254642	0.182322	-0.51083
2007	2.327278	0.329304	-1.42712	1.128171	-0.07257	0.322083	0.14842	-0.47804
2008	2.269028	0.270027	-1.51413	1.187843	-0.08338	0.451076	0.09531	-0.44629
2009	2.314514	1.355835	-1.51413	0.951658	-0.08338	0.431782	0.067659	-0.40048
2010	2.273156	1.378766	-1.51413	1.091923	-0.09431	0.641854	-0.21072	-0.40048
2011	2.16791	1.235471	-1.17118	1.223775	-0.08338	0.405465	-0.30111	-0.4943
2012	2.081938	1.172482	-0.82098	1.131402	-0.09431	0.463734	-0.35667	-0.4943
2013	2.025513	1.105257	-0.84397	1.071584	-0.10536	0.512824	-0.41552	-0.47804

第三章 我国节能减排"四税"与"四率"政策效应实证分析

三、实证结果与分析

(一) 单位根检验

采用 ADF 检验法,对变量进行单位根检验,确保变量稳定和模型有效。各变量的 ADF 检验结果,见表3-6。

表3-6 各变量的稳健性检验

变量	检验类型 (C,T,K)	ADF 值	1%临界值	5%临界值	10%临界值	P-Value	结论
LN(S1)	(C,0,1)	-1.397	-2.692	-1.96	-1.607	0.1457	不稳定
ΔLN(S1)	(0,0,0)	-3.994	-3.857	-3.04	-2.66	0.0076	稳定
LN(S2)	(C,0,1)	-0.319	-2.692	-1.96	-1.607	0.557	不稳定
ΔLN(S2)	(0,0,0)	-4.363	-3.857	-3.04	-2.66	0.0036	稳定
LN(S3)	(C,0,1)	-0.933	-2.69	-1.96	-1.607	0.2996	不稳定
ΔLN(S3)	(0,0,0)	-3.205	-3.857	-3.04	-2.66	0.0365	稳定
LN(S4)	(C,0,1)	0.196	-2.69	-1.96	-1.607	0.7322	不稳定
ΔLN(S4)	(0,0,0)	-4.123	-3.857	-3.04	-2.66	0.0058	稳定
LN(L1)	(C,0,1)	2.074	-2.69	-1.96	-1.607	0.9872	不稳定
ΔLN(L1)	(0,0,0)	-5.838	-3.857	-3.04	-2.66	0.0002	稳定
LN(L2)	(C,0,1)	-0.511	-2.69	-1.96	-1.607	0.4814	不稳定
ΔLN(L2)	(0,0,0)	-5.519	-3.857	-3.04	-2.66	0.0003	稳定
LN(L3)	(C,0,1)	-1.129	-2.69	-1.96	-1.607	0.2253	不稳定
ΔLN(L3)	(0,0,0)	-3.476	-3.857	-3.04	-2.66	0.0215	稳定
LN(L4)	(C,0,1)	-2.296	-2.69	-1.96	-1.607	0.0245	不稳定
ΔLN(L4)	(0,0,0)	-4.082	-3.857	-3.04	-2.66	0.0063	稳定

注:在检验结果表中,C 代表常数项,T 代表时间趋势项,N 代表滞后期数。

由表3-6可知,1994~2013年的这些变量 [LN(S1)、LN(S2)、LN(S3)、LN(S4)、LN(L1)、LN(L2)、LN(L3)、LN(L4)] 的时间序列是非平稳的,对上述变量取一阶差分, [ΔLN(S1)、ΔLN(S2)、ΔLN(S3)、ΔLN(S4)、ΔLN(L1)、ΔLN(L2)、ΔLN(L3)、ΔLN(L4)] 均较为平稳,且都是一阶单整,

即有协整的可能,故有必要进行协整检验。

(二) 协整检验

由上可知,1994~2013 年,LN(S1)、LN(S2)、LN(S3)、LN(S4)、LN(L1)、LN(L2)、LN(L3)、LN(L4) 这些变量时间序列都是一阶单整。于是,我们采用最小二乘法进行回归分析,进而判断残差序列的平稳性,检测变量之间是否存在协整关系,从而得知变量之间是否存在长期均衡关系。

1. 化石能源使用率与节能减排"四税"的协整检验

化石能源使用率与节能减排"四税"之间的回归方程可表述如下,回归方程的残差序列和单位根检验分别见表 3-7、表 3-8。

$$LN(L1) = C + \beta1 * LN(S1) + \beta2 * LN(S2) + \beta3 * LN(S3) + \beta4 * LN(S4) + \varepsilon$$

LNL1 = -0.1449 + 0.04602LNS1 - 0.0092LNS2 + 0.0029LNS3 - 0.0283LNS4

T   -3.539***   2.1547**   -2.0415*   0.2583   -3.674***

注:*** 为1%显著水平检验;** 为5%显著水平检验;* 为10%显著水平检验。

调整后的 $R^2 = 0.734$,DW = 1.759,F = 14.093。

表 3-7　回归方程的残差序列 (化石能源使用率指标)

年份	1994	1995	1996	1997	1998	1999	2000	2001	2002	2003
ε	0.001	0.005	0.003	0.006	-0.001	0.002	0.011	-0.003	-0.009	-0.001
年份	2004	2005	2006	2007	2008	2009	2010	2011	2012	2013
ε	-0.008	-0.004	0.004	0.004	-0.002	-0.001	-0.006	0.011	-0.0001	-0.011

表 3-8　残差序列的单位根检验 (化石能源使用率指标)

	检验类型	ADF 值	1%临界值	5%临界值	10%临界值	P-Value	结论
ε	(0, 0, 0)	-3.712	-2.692	-1.96	-1.607	0.0009	稳定

2. 治污投资率与节能减排"四税"的协整检验

治污投资率与节能减排"四税"之间的回归方程可表述如下,回归方程的残差序列和单位根检验分别见表 3-9、表 3-10。

$$LN(L2) = C + \beta1 * LN(S1) + \beta2 * LN(S2) + \beta3 * LN(S3) + \beta4 * LN(S4) + \varepsilon$$

LNL2 = 2.4102−1.892LNS1+0.072LNS2−0.77LNS3+1.036LNS4
T   1.614   −2.427**   0.438   −1.894*   3.647***

注：*** 为1%显著水平检验；** 为5%显著水平检验；* 为10%显著水平检验。
调整后的 R^2 = 0.517，DW=1.17，F=6.076。

表3-9 回归方程的残差序列（治污投资率指标）

年份	1994	1995	1996	1997	1998	1999	2000	2001	2002	2003
ε	−0.15	−0.29	−0.31	−0.44	0.16	0.08	−0.25	−0.1	0.33	0.34
年份	2004	2005	2006	2007	2008	2009	2010	2011	2012	2013
ε	0.12	0.2	0.006	0.02	−0.08	0.15	0.14	−0.16	0.1	0.09

表3-10 残差序列的单位根检验（治污投资率指标）

检验类型	ADF值	1%临界值	5%临界值	10%临界值	P-Value	结论
ε	(0, 0, 0)	−2.798	−2.692	−1.96	−1.607	0.0078	稳定

3. 万元能耗率与节能减排"四税"的协整检验

万元能耗率与节能减排"四税"之间的回归方程可表述如下，回归方程的残差序列和单位根检验分别见表3-11、表3-12。

LN(L3)= C+β1*LN(S1)+β2*LN(S2)+β3*LN(S3)+β4*LN(S4)+ε
LNL3 = −3.772+2.33LNS1−0.139LNS2+0.383LNS3−0.785LNS4
T   −3.333   3.945***   −1.119   1.243   −3.648***

注：*** 为1%显著水平检验；** 为5%显著水平检验；* 为10%显著水平检验。
调整后的 R^2 = 0.731，DW=1.036，F=13.919。

表3-11 回归方程的残差序列（万元能耗率指标）

年份	1994	1995	1996	1997	1998	1999	2000	2001	2002	2003
ε	0.244	0.215	0.164	0.207	−0.141	−0.038	0.318	0.004	−0.267	−0.29
年份	2004	2005	2006	2007	2008	2009	2010	2011	2012	2013
ε	−0.14	−0.11	−0.017	−0.023	0.13	−0.037	−0.106	0.001	−0.069	−0.044

表 3-12　残差序列的单位根检验（万元能耗率指标）

	检验类型	ADF 值	1%临界值	5%临界值	10%临界值	P-Value	结论
ε	(0, 0, 0)	-2.898	-2.692	-1.96	-1.607	0.0062	稳定

4. 固体废弃物综合利用率与节能减排"四税"的协整检验

固体废弃物综合利用率与节能减排"四税"之间的回归方程可表述如下，回归方程的残差序列和单位根检验分别见表 3-13、表 3-14。

$$LN(L4) = C + \beta1 * LN(S1) + \beta2 * LN(S2) + \beta3 * LN(S3) + \beta4 * LN(S4) + \varepsilon$$

$$LNL4 = -0.32 - 0.552 LNS1 + 0.697 LNS2 - 0.34 LNS3 + 0.511 LNS4$$

T　　　-0.549　　-1.816*　　　1.091　　-2.143**　4.611***

注：*** 为 1%显著水平检验；** 为 5%显著水平检验；* 为 10%显著水平检验。
调整后的 $R^2 = 0.621$，DW = 1.132，F = 8.798。

表 3-13　回归方程的残差序列（固体废弃物综合利用率指标）

年份	1994	1995	1996	1997	1998	1999	2000	2001	2002	2003
ε	-0.11	-0.14	-0.1	-0.07	0.1	0.007	-0.14	-0.03	-0.009	-0.001
年份	2004	2005	2006	2007	2008	2009	2010	2011	2012	2013
ε	-0.008	-0.004	0.004	0.004	-0.002	-0.001	-0.006	0.011	-0.0001	-0.011

表 3-14　残差序列的单位根检验（固体废弃物综合利用率指标）

	检验类型	ADF 值	1%临界值	5%临界值	10%临界值	P-Value	结论
ε	(0, 0, 0)	-2.934	-2.692	-1.96	-1.607	0.0056	稳定

从表 3-7 至表 3-14 可以看出，经过对节能减排的"四率"（L1、L2、L3、L4）进行回归分析，其残差序列的 ADF 值都小于 1%临界值，可见，回归方程的残差序列 ε 是平稳的。也就是说，LN(L1) 或 LN(L2) 或 LN(L3) 或 LN(L4) 与 LN(S1)、LN(S2)、LN(S3)、LN(S4) 之间存在协整关系。这表明 1994~2013 年节能减排"四率"与节能减排"四税"之间存在长期的均衡关系。这正好验证了假设 1 的成立。

第三章 我国节能减排"四税"与"四率"政策效应实证分析

(三) 结果分析

基于上述的实证研究,本书利用最小二乘法分别对节能减排"四率"与节能减排"四税"进行回归分析,多元回归结果见表3-15至表3-18。

表3-15 化石能源使用率的回归结果

Variable	Coefficient	Std. Error	t-Statistic	Prob.
C	-0.144853	0.040929	-3.539104	0.0030
LNS1	0.046022	0.021358	2.154747	0.0478
LNS2	-0.009166	0.004490	-2.041467	0.0592
LNS3	0.002878	0.011140	0.258331	0.7997
LNS4	-0.028315	0.007785	-3.637352	0.0024
R-squared	0.789832	Mean dependent var		-0.073728
Adjusted R-squared	0.733787	S. D. dependent var		0.013098
S. E. of regression	0.006758	Akaike info criterion		-6.943917
Sum squared resid	0.000685	Schwarz criterion		-6.694984
Log likelihood	74.43917	Hannan-Quinn criter.		-6.895323
F-statistic	14.09287	Durbin-Watson stat		1.759292
Prob (F-statistic)	0.000057			

表3-16 治污投资率的回归结果

Variable	Coefficient	Std. Error	t-Statistic	Prob.
C	2.410200	1.493713	1.613564	0.1275
LNS1	-1.891733	0.779466	-2.426959	0.0283
LNS2	0.071778	0.163863	0.438037	0.6676
LNS3	-0.770003	0.406548	-1.894001	0.0777
LNS4	1.036128	0.284099	3.647062	0.0024
R-squared	0.618371	Mean dependent var		0.128052
Adjusted R-squared	0.516603	S. D. dependent var		0.354721
S. E. of regression	0.246626	Akaike info criterion		0.250429
Sum squared resid	0.912365	Schwarz criterion		0.499362
Log likelihood	2.495709	Hannan-Quinn criter.		0.299023
F-statistic	6.076300	Durbin-Watson stat		1.171335
Prob (F-statistic)	0.004106			

· 65 ·

表 3-17　万元能耗率的回归结果

Variable	Coefficient	Std. Error	t-Statistic	Prob.
C	-3.772459	1.131947	-3.332716	0.0045
LNS1	2.330145	0.590686	3.944814	0.0013
LNS2	-0.138964	0.124177	-1.119082	0.2807
LNS3	0.383156	0.308085	1.243669	0.2327
LNS4	-0.785318	0.215293	-3.647677	0.0024
R-squared	0.787767	Mean dependent var		0.226287
Adjusted R-squared	0.731172	S. D. dependent var		0.360463
S. E. of regression	0.186895	Akaike info criterion		-0.304221
Sum squared resid	0.523946	Schwarz criterion		-0.055288
Log likelihood	8.042212	Hannan-Quinn criter.		-0.255627
F-statistic	13.91926	Durbin-Watson stat		1.036224
Prob (F-statistic)	0.000062			

表 3-18　固体废弃物综合利用率的回归结果

Variable	Coefficient	Std. Error	t-Statistic	Prob.
C	-0.320101	0.582630	-0.549407	0.5908
LNS1	-0.552093	0.304034	-1.815890	0.0894
LNS2	0.069745	0.063916	1.091209	0.2924
LNS3	-0.339832	0.158576	-2.143021	0.0489
LNS4	0.510916	0.110814	4.610564	0.0003
R-squared	0.701147	Mean dependent var		-0.619353
Adjusted R-squared	0.621453	S. D. dependent var		0.156352
S. E. of regression	0.096198	Akaike info criterion		-1.632508
Sum squared resid	0.138810	Schwarz criterion		-1.383575
Log likelihood	21.32508	Hannan-Quinn criter.		-1.583914
F-statistic	8.797977	Durbin-Watson stat		1.132355
Prob (F-statistic)	0.000728			

（1）如表 3-15 所示，被解释变量选择为化石能源使用率指标。样本调整后系数 $R^2=0.733$，说明回归模型的拟合度还好，节能减排增值税、消费税、

第三章 我国节能减排"四税"与"四率"政策效应实证分析

资源税和企业所得税这四个解释变量对化石能源使用率指标变化的解释力度为73.3%,并且模型的整体性检验 F=14.093, P=0.0000 在 1% 水平上是高度显著的,说明解释效果较好,构建的回归模型是高度成立的。

节能减排增值税 S1 的系数是 0.046, P 值为 0.0478, 与化石能源利用率在 5% 的水平上显著相关, 节能减排增值税比重每降低 1%, 化石能源使用率就会降低 0.046%, 两者之间呈正相关关系。节能减排企业所得税 S4 的系数是 -0.0283, P 值为 0.0024, 与化石能源利用率在 1% 的水平上显著相关, 节能减排企业所得税比重每增加 1%, 化石能源使用率就会降低 0.0283%, 两者之间呈负相关关系。而节能减排消费税和资源税与化石能源利用率关系不够显著。可以说, 这与我们的假设资源税与化石能源使用率有显著关系是不符的, 故假设 2 不成立。

(2) 如表 3-16 所示, 被解释变量选择为治污投资率指标。样本调整后系数 R^2 = 0.517, 说明回归模型的拟合度不太好, 节能减排增值税、消费税、资源税和企业所得税这四个解释变量对治污率指标变化的解释力度为 51.7%, 并且模型的整体性检验 F=6.076, P=0.0041 在 1% 水平上是高度显著的, 说明解释效果较好, 构建的回归模型是高度成立的。

节能减排增值税 S1 的系数是 -1.892, P 值为 0.0283, 与治污投资率在 5% 的水平上显著相关, 节能减排增值税比重每减少 1%, 治污投资率就会上升 1.892%, 两者之间呈负相关关系。节能减排企业所得税 S4 的系数是 1.036, P 值为 0.0024, 与治污投资率在 1% 的水平上显著相关, 节能减排企业所得税比重每增加 1%, 治污投资率就会增加 1.036%, 两者之间呈正相关关系。节能减排资源税 S3 的系数是 -0.77, P 值为 0.0777, 与治污投资率在 10% 的水平上显著相关, 节能减排资源税比重每增加 1%, 治污投资率就会增加 0.77%, 两者之间呈负相关关系。节能减排消费税与治污投资率关系不显著。虽然证明了我们假设的企业所得税与治污投资率之间存在显著关系, 但由于企业所得税与治污投资率之间呈正相关, 因此, 假设 3 是不成立的。

(3) 如表 3-17 所示, 被解释变量选择为万元消耗率指标。样本调整后系数 R^2 = 0.731, 说明回归模型的拟合度还好, 节能减排增值税、消费税、资源税和企业所得税这四个解释变量对万元消耗率指标变化的解释力度为 73.1%,

并且模型的整体性检验 F=13.919，P=0.0000 在 1% 水平上是高度显著的，说明解释效果较好，构建的回归模型是高度成立的。

节能减排增值税 S1 的系数是 2.33，P 值为 0.0013，与万元消耗率在 1% 的水平上显著相关，节能减排增值税比重每降低 1%，万元消耗率就会降低 2.33%，两者呈正相关关系。节能减排企业所得税 S4 的系数是 -0.785，P 值为 0.0024，与万元消耗率在 1% 的水平上显著相关，节能减排企业所得税比重每增加 1%，万元消耗率就会降低 0.0024%，两者呈负相关关系。而节能减排消费税和资源税与万元消耗率关系不显著。可以说，这与我们的假设消费税与万元消耗率有显著关系是不符的，故假设 4 不成立。

（4）如表 3-18 所示，被解释变量选择为固体废弃物综合利用率指标。样本调整后系数 R^2=0.622，说明回归模型的拟合度还好，节能减排增值税、消费税、资源税和企业所得税这四个解释变量对固体废弃物综合利用率指标变化的解释力度为 62.2%，并且模型的整体性检验 F=8.798，P=0.0000 在 1% 水平上是高度显著的，说明解释效果较好，构建的回归模型是高度成立的。

节能减排增值税 S1 的系数是 -0.552，P 值为 0.0894，与固体废弃物综合利用率在 10% 的水平上显著相关，节能减排增值税比重每降低 1%，固体废弃物综合利用率就会增加 0.552%，两者呈负相关关系。节能减排资源税 S3 的系数是 -0.34，P 值为 0.0489，与治污投资率在 5% 的水平上显著相关，节能减排资源税比重每降低 1%，固体废弃物综合利用率就会增加 0.34%，两者呈负相关关系。节能减排企业所得税 S4 的系数是 0.511，P 值为 0.0003，与固体废弃物综合利用率在 1% 的水平上显著负相关，节能减排企业所得税比重每增加 1%，固体废弃物综合利用率就会增加 0.511%，两者呈正相关关系。而节能减排消费税与固体废弃物综合利用率关系不显著。不过，这也证明了本书假设的增值税与固体废弃物综合利用率之间存在显著负相关关系。因此，假设 5 是成立的。

综上所述，通过节能减排"四率"（L1、L2、L3、L4）分别与节能减排"四税"（S1、S2、S3、S4）之间的回归，发现这两者之间存在长期的均衡关系。这些变量之间的显著关系，见表 3-19。

第三章 我国节能减排"四税"与"四率"政策效应实证分析

表3-19 节能减排"四率"与节能减排"四税"的回归结果汇总

	S1	S2	S3	S4
L1	2.155**	-2.041*	不显著	-3.637***
L2	-2.427**	不显著	-1.894*	3.647***
L3	3.944***	不显著	不显著	-3.648**
L4	-1.815*	不显著	-2.143***	4.61***

注：*** 为1%显著水平检验；** 为5%显著水平检验；* 为10%显著水平检验。

如表3-19所示，节能减排"四率"与节能减排"四税"之间的回归结果，不仅验证了之前的假设的对错，还可以指出"四率"和"四税"之间是否存在显著的关系，其中，节能减排企业所得税S4、增值税S1都与节能减排"四率"呈显著关系；而节能减排消费税S2与化石能源率L1呈显著关系；节能减排资源税S3与治污投资率L2和固体废弃物综合利用率L4呈显著关系。就节能减排效果来说，企业所得税和增值税效果好些，消费税和资源税效果差些。

本章小结

本章主要对节能减排税收政策进行实证分析，通过分析节能减排"四税"（增值税、消费税、资源税和企业所得税）与企业生产阶段的"四率"（化石能源使用率、治污投资率、万元能耗率和固体废弃物综合利用率）之间进行协整分析，确定是否存在长期均衡关系。根据上述的实证分析，本书不仅发现它们之间存在长期均衡关系，还检验了其他假设。例如，资源税与化石能源使用率之间不存在显著关系；企业所得税与治污投资率之间存在显著正相关；消费税与万元能耗率之间不存在显著关系；增值税与固体废弃物综合利用率之间存在显著负相关。

第四章 不同区域现行节能减排"四税"与"四率"的政策效应实证分析

第一节 不同区域的节能减排税收情况

为了对不同地区节能减排税收政策进行分析,本书依据其经济发展水平与地理位置的差别,将我国划分为东部、中部和西部三大地区。东部地区经济较为发达,包括北京、天津、河北、辽宁、上海、江苏、浙江、福建、山东、广东、海南,共11个直辖市或省级行政区,该地区面向大海,地理位置优越,资源储备丰富,且历史文化悠久。相较于东部地区,中部地区经济发展次发达,包括黑龙江、吉林、山西、安徽、江西、河南、湖北、湖南,共8个省级行政区,该地区主要位于中国的中部地区,处于内陆地带,北有高原,南有丘陵,地理上承东启西,以平原地带为多,资源储备丰富。西部地区经济发展水平相对落后一些,包括四川、重庆、贵州、云南、西藏、陕西、甘肃、青海、宁夏、新疆、广西、内蒙古,共12个省级行政区,该地区地势较高,幅员辽阔,大部分地区高寒缺水,但面积巨大,资源丰富。

可以说,不同地区之间的实证分析数据,主要通过对上述省份的数据加以整理,并结合《中国统计年鉴》和《中国税务年鉴》的分地区情况,根据2014年《中国统计年鉴》中的地区生产总值汇总可知,2014年的国内生产总值GDP高达63009.3亿元,其中,东部地区共有11个地区,地区生产总值合计 349336.5 亿元，占国内生产总值的 55.45%，具体见表 4-1。中部地区共有 8 个地区，地区生产总值合计为 154670 亿元，占国内生产总值的 24.55%，具体见表 4-2。西部地区共有 12 个地区，地区生产总值合计为 126002.8 亿元，占国内生产总值的 20%，具体见表 4-3。

表 4-1　东部地区的 GDP

单位：亿元

地区	北京	天津	河北	辽宁	上海	江苏
GDP	19500.56	14370.16	28301.41	27077.65	21602.12	59161.75
地区	浙江	福建	山东	广东	海南	合计
GDP	37568.49	21759.64	54684.33	62163.97	3146.46	349336.50

表 4-2　中部地区的 GDP

单位：亿元

地区	黑龙江	吉林	山西	安徽
GDP	14382.93	12981.46	12602.24	19038.87
地区	江西	河南	湖北	湖南	合计
GDP	14338.5	32155.86	24668.49	24501.67	154670.00

表 4-3　西部地区的 GDP

单位：亿元

地区	四川	重庆	贵州	云南	西藏	陕西
GDP	26260.77	12656.69	8006.79	11720.91	807.67	16045.21
地区	甘肃	青海	宁夏	新疆	广西	内蒙古	合计
GDP	6268.01	2101.05	2565.06	8360.24	14378	16832.38	126002.80

由于我国地区经济发展程度各不相同，东部、中部、西部地区的 GDP 存在很大差别，其中东部地区发展最快，占据半壁江山。中部和西部相当，平分秋色。不仅如此，各个地区的差异，还导致了各地区的三大产业发展也不一致。同样根据 2014 年各个地区的三大产业的数据，经整理计算得出，第一产

业总产值为 56956.91 亿元,东部地区总计为 22215.23 亿元,占总产值的 39%;中部地区总计为 19040.86 亿元,占总产值的 33.43%;西部地区总计为 15700.82 亿元,占总产值的 27.57%,具体比例见图 4-1。第二产业总产值为 306763.00 亿元,东部地区总计为 165265.50 亿元,占总产值的 53.87%;中部地区总计为 79139.77 亿元,占总产值的 25.8%,西部地区总计为 62357.66 亿元,占总产值的 20.33%,具体比例见图 4-2。第三产业总产值为 266290.6 亿元,东部地区总计为 161855.80 亿元,占总产值的 60.78%,中部地区总计为 56489.36 亿元,占总产值的 20.22%,西部地区总计为 47945.42 亿元,占总产值的 18%,具体比例见图 4-3。

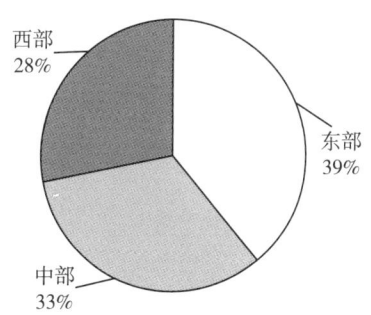

图 4-1 各地区第一产业分布情况

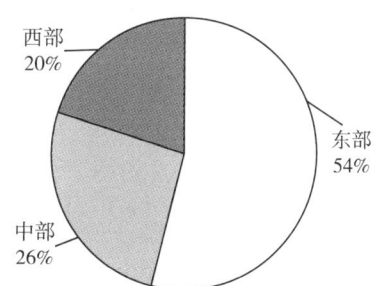

图 4-2 各地区第二产业分布情况

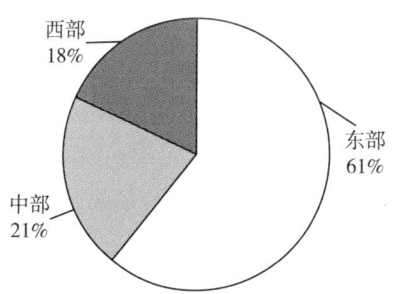

图 4-3 各地区第三产业分布情况

根据图 4-1 至图 4-3 不难发现,东部、中部、西部地区在第一产业的实力相当,只是东部稍微强于中部,中部又稍微强于西部,地区之间的差距还不是那么明显。到了第二产业、第三产业,地区之间的差别就开始越发明显。特别是在第三产业中,东部地区占据了六成,另外四成中部、西部各半。第二产业则是东部地区占据五成,中部、西区也是平分。可以说,在第二、第三产业,主要还是东部地区一支独大,中部和西部地区还是偏弱。由于不同地区、不同产业之间都存在差异,我们在考虑节能减排的时候就不得不考虑地区之间比较的合理性问题。

鉴于当前关于节能减排增值税、消费税、资源税和企业所得税,在《中国税务年鉴》中根本没有细分,所以本书采用增值税按东、中、西各地区的省份加以统计,算出各地区的比重,然后再乘以之前估算出的节能减排收入,最后就得出了节能减排增值税中的东部、中部和西部份额。

(一)不同地区节能减排增值税情况

根据1995~2014年《中国税务年鉴》的统计数据,按照增值税分地区的项目进行汇总,整理并计算见表4-4。

表4-4　1994~2013年东部、中部、西部的增值税总量

单位:亿元

年份	东部	中部	西部	合计
1994	1944.09	567.17	530.53	3041.79
1995	2217.29	657.27	569.94	3444.50
1996	2431.15	720.13	601.75	3753.03
1997	2506.64	784.61	618.61	3909.86
1998	2413.53	812.10	643.53	3869.16
1999	2887.71	824.95	698.75	4411.41
2000	3687.78	912.44	746.67	5346.89
2001	5071.35	1114.03	905.38	7090.76
2002	5868.56	1251.61	1022.01	8142.18
2003	7419.53	1474.20	1202.53	10096.26
2004	9213.79	1865.76	1546.10	12625.65
2005	10702.32	2259.25	1907.29	14868.86
2006	12724.08	2685.05	2346.81	17755.94

第四章 不同区域现行节能减排"四税"与"四率"的政策效应实证分析

续表

年份	东部	中部	西部	合计
2007	15428.98	3230.92	2935.53	21595.43
2008	17816.79	3923.41	3466.22	25206.42
2009	18648.94	3933.80	3527.09	26109.83
2010	22411.93	4699.02	4340.63	31451.58
2011	26277.01	5676.04	5256.98	37210.03
2012	28877.41	5830.07	5740.74	40448.22
2013	30204.53	6088.97	5881.36	42174.86

资料来源：根据《中国税务年鉴》（1995~2014年）的增值税资料整理。

根据表4-4，分别计算出各地区增值税占增值税总体的构成比例，见表4-5。

表4-5　1994~2013年东部、中部、西部的增值税比例

单位：%

年份	东部	中部	西部
1994	63.91270	18.6459	17.4414
1995	64.37190	19.0817	16.5464
1996	64.77833	19.1880	16.0337
1997	64.11074	20.0675	15.8218
1998	62.37866	20.9891	16.6323
1999	65.46002	18.7004	15.8396
2000	68.97056	17.0649	13.9646
2001	71.52054	15.7110	12.7684
2002	72.07603	15.3719	12.5520
2003	73.48791	14.6014	11.9106
2004	72.97676	14.7775	12.2457
2005	71.97808	15.1945	12.8274
2006	71.66098	15.1220	13.2170
2007	71.44558	14.9611	13.5933
2008	70.68354	15.5651	13.7513
2009	71.42498	15.0664	13.5087

续表

年份	东部	中部	西部
2010	71.25852	14.9405	13.8010
2011	70.61808	15.2541	14.1279
2012	71.39352	14.4137	14.1928
2013	71.61738	14.4374	13.9452

由于《中国税务年鉴》里有关各地区的增值税没有具体细化到节能减排增值税上，导致各地区节能减排增值税根本无法统计。再加上各地区节能减排税收都是在国家的统一政策推进下进行的，地区之间存在差别，但不明显。为此，本书力求以简单、公平为原则，根据东部、中部、西部的增值税比例，分别乘以节能减排增值税，进而算出各地区节能减排增值税总量，具体见表4-6。

表4-6　1994~2013年东部、中部、西部的节能减排增值税总量

单位：亿元

年份	节能减排东部增值税	节能减排中部增值税	节能减排西部增值税
1994	370.4699432	108.0811	101.0989
1995	424.1013705	125.7161	109.0125
1996	465.2055466	137.7984	115.1461
1997	501.9229476	157.1082	123.8688
1998	559.7611060	188.3474	149.2515
1999	691.3233028	197.4946	167.2821
2000	836.9163688	207.0720	169.4516
2001	1013.3745630	222.6093	180.9161
2002	1002.6568440	213.8404	174.6127
2003	1458.9627350	289.8840	236.4633
2004	1872.3062890	379.1354	314.1783
2005	2292.1203760	483.8645	408.4851
2006	2763.4980690	583.1565	509.6954
2007	3416.3918410	715.4127	650.0054

第四章 不同区域现行节能减排"四税"与"四率"的政策效应实证分析

续表

年份	节能减排东部增值税	节能减排中部增值税	节能减排西部增值税
2008	4137.7084150	911.1589	804.9827
2009	4376.6083040	923.2000	827.7517
2010	5279.5935280	1106.9510	1022.5250
2011	5908.4879210	1276.2800	1182.0520
2012	6341.8225590	1280.3530	1260.7350
2013	6514.6893490	1313.3050	1268.5260

(二) 不同地区节能减排消费税情况

根据1995~2014年的《中国税务年鉴》的统计数据，按照消费税分地区的项目进行汇总，整理并计算见表4-7。

表4-7 1994~2013年东部、中部、西部的消费税总量

单位：亿元

年份	东部	中部	西部	合计
1994	226.76	128.45	201.47	556.68
1995	259.27	139.39	210.82	609.48
1996	285.93	166.26	227.90	680.09
1997	284.72	188.86	241.51	715.09
1998	338.22	222.40	273.78	834.40
1999	342.90	222.60	282.75	848.25
2000	374.86	214.10	280.73	869.69
2001	430.34	237.08	278.77	946.19
2002	492.96	263.35	316.16	1072.47
2003	586.65	291.54	343.48	1221.67
2004	741.17	378.36	430.95	1550.48
2005	799.95	429.60	456.55	1686.10
2006	994.96	493.47	503.25	1991.68
2007	1212.50	580.98	578.95	2372.43
2008	1457.02	686.99	702.08	2846.09

续表

年份	东部	中部	西部	合计
2009	2924.35	1104.81	1189.73	5218.89
2010	3866.93	1443.19	1451.84	6761.96
2011	4448.16	1693.15	1795.63	7936.94
2012	4790.04	1976.52	2109.62	8876.18
2013	4756.65	2071.66	2267.00	9095.31

资料来源：根据《中国税务年鉴》（1995~2014年）的消费税资料整理。

根据表4-7，分别计算出各地区消费税占消费税总体的构成比例，见表4-8。

表4-8 1994~2013年东部、中部、西部的消费税比例

单位：%

年份	东部	中部	西部
1994	40.73435	23.0743	36.1913
1995	42.53954	22.8703	34.5901
1996	42.04296	24.4468	33.5103
1997	39.81597	26.4107	33.7734
1998	40.53452	26.6539	32.8116
1999	40.42440	26.2423	33.3333
2000	43.10271	24.6180	32.2793
2001	45.48135	25.0563	29.4624
2002	45.96492	24.5555	29.4796
2003	48.02033	23.8641	28.1156
2004	47.80262	24.4028	27.7946
2005	47.44381	25.4789	27.0773
2006	49.95582	24.7766	25.2676
2007	51.10794	24.4888	24.4032
2008	51.19374	24.1380	24.6682
2009	56.03395	21.1694	22.7966
2010	57.18653	21.3428	21.4707
2011	56.04376	21.3325	22.6237

第四章 不同区域现行节能减排"四税"与"四率"的政策效应实证分析

续表

年份	东部	中部	西部
2012	53.96511	22.2677	23.7672
2013	52.29783	22.7772	24.9249

由于《中国税务年鉴》里有关各地区的消费税没有具体细化到节能减排消费税上，导致各地区节能减排消费税根本无法统计。再加上各地区节能减排税收都是在国家的统一政策推进下进行的，地区之间存在差别，但不明显。为此，本书力求以简单、公平的原则，根据东部、中部、西部的消费税比例，分别乘以节能减排消费税，进而算出各地区的节能减排消费税总量，具体见表4-9。

表4-9 1994~2013年东部、中部、西部的节能减排消费税总量

单位：亿元

年份	节能减排东部消费税	节能减排中部消费税	节能减排西部消费税
1994	35.60997198	20.17155	31.63848
1995	41.78233806	22.46322	33.97444
1996	46.13794968	26.82788	36.77417
1997	50.39506971	33.42797	42.74696
1998	58.56426846	38.50953	47.4062
1999	59.94130504	38.91203	49.42667
2000	68.29194127	39.00471	51.14335
2001	73.15675393	40.30302	47.39022
2002	88.12394864	47.07774	56.51831
2003	105.034874	52.19785	61.49728
2004	151.5199518	77.34945	88.1006
2005	159.8192023	85.82828	91.21252
2006	288.644706	143.159	145.9963
2007	350.0433627	167.7263	167.1403
2008	386.7175346	182.3387	186.3438
2009	1370.679971	517.8385	557.6416
2010	1756.238238	655.4516	659.3802

续表

年份	节能减排东部消费税	节能减排中部消费税	节能减排西部消费税
2011	1844.383492	702.0471	744.5394
2012	1929.495404	796.1700	849.7846
2013	1894.886450	825.2784	903.0952

(三) 不同地区节能减排资源税情况

根据1995~2014年的《中国税务年鉴》的统计数据,按照资源税分地区的项目进行汇总,整理并计算见表4-10。

表4-10 1994~2013年东部、中部、西部的资源税总量

单位:亿元

年份	东部	中部	西部	合计
1994	15.75	22.25	8.26	46.26
1995	23.44	23.91	9.57	56.92
1996	22.56	25.04	10.35	57.95
1997	21.40	23.95	11.28	56.63
1998	21.77	26.00	14.17	61.94
1999	22.47	26.27	14.13	62.87
2000	23.08	25.46	15.10	63.64
2001	24.09	27.30	15.72	67.11
2002	26.92	30.06	18.16	75.14
2003	28.82	58.27	20.03	107.12
2004	38.63	35.38	24.79	98.80
2005	53.43	51.20	37.57	142.20
2006	79.86	69.71	57.45	207.02
2007	99.56	86.22	75.24	261.02
2008	107.55	101.51	92.57	301.63
2009	119.80	107.56	111.15	338.51
2010	139.88	118.98	158.69	417.55
2011	185.05	145.25	268.53	598.83

续表

年份	东部	中部	西部	合计
2012	361.18	230.24	312.81	904.23
2013	399.65	207.82	346.40	953.87

资料来源：根据《中国税务年鉴》（1995~2014年）的资源税资料整理。

根据表4-10，分别计算出各地区资源税占资源税总体的构成比例，见表4-11。

表4-11 1994~2013年东部、中部、西部的资源税比例

单位：%

年份	东部	中部	西部
1994	34.04669	48.0977	17.8556
1995	41.1806	42.0063	16.8131
1996	38.93011	43.2097	17.8602
1997	37.78916	42.2921	19.9188
1998	35.14692	41.9761	22.877
1999	35.74042	41.7846	22.4749
2000	36.2665	40.0063	23.7272
2001	35.89629	40.6795	23.4242
2002	35.82646	40.0053	24.1682
2003	26.90441	54.3969	18.6987
2004	39.09919	35.8097	25.0911
2005	37.57384	36.0056	26.4205
2006	38.57598	33.6731	27.7509
2007	38.14267	33.032	28.8254
2008	35.65627	33.6538	30.6899
2009	35.39039	31.7745	32.8351
2010	33.50018	28.4948	38.005
2011	30.90193	24.2556	44.8424
2012	39.94338	25.4625	34.5941
2013	41.89774	21.787	36.3152

由于《中国税务年鉴》里有关各地区的资源税没有具体细化到节能减排资源税上，导致各地区的节能减排资源税根本无法统计。再加上各地区节能减排税收都是在国家的统一政策推进下进行的，地区之间存在差别，但不明显。为此，本书力求以简单、公平为原则，根据东部、中部、西部的资源税比例，分别乘以节能减排资源税，进而算出各地区节能减排资源税总量，具体见表4-12。

表4-12 1994~2013年东部、中部、西部的节能减排资源税总量

单位：亿元

年份	节能减排东部资源税	节能减排中部资源税	节能减排西部资源税
1994	4.129863813	5.834252	2.165884
1995	6.012368236	6.132923	2.454708
1996	6.384538395	7.086385	2.929077
1997	7.104361646	7.950909	3.744729
1998	7.591733936	9.066839	4.941427
1999	8.684921266	10.153670	5.461412
2000	10.564431180	11.653830	6.911738
2001	12.050384440	13.656100	7.863514
2002	14.369992010	16.046140	9.693873
2003	11.329445480	22.906550	7.874004
2004	17.586815790	16.107210	11.285970
2005	24.982845990	23.940140	17.567010
2006	36.982794900	32.282380	26.604830
2007	44.775681560	38.776210	33.838110
2008	45.736294470	43.167750	39.365960
2009	49.419136810	44.369970	45.850890
2010	57.992160940	49.327330	65.790510
2011	90.279975120	70.862830	131.007200
2012	194.84778850	124.208900	168.753400
2013	214.75526070	111.673800	186.140900

第四章 不同区域现行节能减排"四税"与"四率"的政策效应实证分析

(四) 不同地区节能减排企业所得税情况

根据 1995~2014 年《中国税务年鉴》的统计数据，按照企业所得税分地区的项目进行汇总，整理并计算见表 4-13。

表 4-13 1994~2013 年东部、中部、西部的企业所得税总量

单位：亿元

年份	东部	中部	西部	合计
1994	368.99	94.33	100.01	563.33
1995	483.00	119.76	129.13	731.89
1996	496.88	120.52	133.33	750.73
1997	568.17	137.24	141.07	846.48
1998	532.01	137.19	139.79	808.99
1999	689.11	173.76	146.51	1009.38
2000	1001.51	244.04	199.10	1444.65
2001	1492.27	358.46	271.16	2121.89
2002	1441.29	299.12	232.24	1972.65
2003	1749.82	344.72	247.70	2342.24
2004	2334.71	483.63	324.13	3142.47
2005	3248.52	670.13	444.96	4363.61
2006	4074.77	868.06	603.23	5546.06
2007	5726.36	1160.25	837.13	7723.74
2008	9337.79	1619.23	1238.15	12195.17
2009	9351.54	1552.91	1251.81	12156.26
2010	10903.49	1879.05	1766.35	14548.89
2011	14292.15	2739.59	2571.07	19602.81
2012	15663.73	3352.36	2991.77	22007.86
2013	17099.68	3608.00	3171.90	23879.58

资料来源：根据《中国税务年鉴》(1995~2014 年) 的企业所得税资料整理。

根据表 4-13，分别计算出各地区企业所得税占企业所得税总体的构成比例，见表 4-14。

表 4-14 1994~2013 年东部、中部、西部的企业所得税比例

单位:%

年份	东部	中部	西部
1994	65.50157	16.7451	17.7534
1995	65.99352	16.3631	17.6434
1996	66.18625	16.0537	17.76
1997	67.12149	16.213	16.6655
1998	65.76225	16.9582	17.2796
1999	68.27062	17.2145	14.5149
2000	69.32544	16.8927	13.7819
2001	70.3274	16.8934	12.7792
2002	73.06365	15.1634	11.773
2003	74.70712	14.7175	10.5753
2004	74.29538	15.3901	10.3145
2005	74.4457	15.3572	10.1971
2006	73.47144	15.6518	10.8767
2007	74.13973	15.0219	10.8384
2008	76.56958	13.2776	10.1528
2009	76.92777	12.7746	10.2977
2010	74.94379	12.9154	12.1408
2011	72.90868	13.9755	13.1158
2012	71.17334	15.2326	13.5941
2013	71.60796	15.1091	13.2829

由于《中国税务年鉴》里有关各地区的企业所得税没有具体细化到节能减排企业所得税上,导致各地区的节能减排企业所得税根本无法统计。再加上各地区节能减排税收都是在国家的统一政策推进下进行的,地区之间存在差别,但不明显。为此,本书力求以简单、公平为原则,根据东部、中部、西部的企业所得税比例,分别乘以节能减排企业所得税,进而算出各地区节能减排企业所得税总量,具体见表4-15。

第四章 不同区域现行节能减排"四税"与"四率"的政策效应实证分析

表4-15 1994~2013年东部、中部、西部的节能减排企业所得税总量

单位：亿元

年份	节能减排东部企业所得税	节能减排中部企业所得税	节能减排西部企业所得税
1994	70.39453837	17.99593	19.07954
1995	90.09435844	22.33892	24.08672
1996	89.56984588	21.72548	24.03467
1997	105.25321060	25.42364	26.13315
1998	94.46746746	24.36043	24.8221
1999	115.15888450	29.03747	24.48365
2000	168.18352270	40.98162	33.43485
2001	249.35985080	59.89903	45.31111
2002	242.02332520	50.22863	38.99805
2003	293.96503850	57.91203	41.61293
2004	392.15329960	81.23369	54.44301
2005	544.26506650	112.27520	74.54970
2006	843.15821540	179.62040	124.82140
2007	1132.49179300	229.46050	165.55770
2008	1451.58305700	251.71340	192.47350
2009	1259.03838400	209.07500	168.53660
2010	1728.52612400	297.88510	280.01880
2011	2375.67829900	455.38180	427.36990
2012	2442.29908000	522.70220	466.47870
2013	2504.63160300	528.47250	464.59590

（五）东部、中部、西部的总体收入

根据东部、中部、西部的总体收入进行汇总计算，见表4-16。

表4-16 1994~2013年东部、中部、西部的总体收入情况一览

单位：亿元

年份	总体收入东部	总体收入中部	总体收入西部
1994	2924.79	970.64	978.18
1995	3479.95	1161.69	1108.02

续表

年份	总体收入东部	总体收入中部	总体收入西部
1996	4124.49	1338.22	1283.56
1997	4847.43	1576.20	1410.85
1998	5288.95	1712.31	1522.65
1999	6250.86	1803.25	1633.75
2000	8083.35	1997.15	1794.98
2001	10408.16	2404.31	2098.20
2002	11711.18	2606.58	2315.27
2003	13769.97	3020.88	2661.2
2004	17980.64	3838.29	3369.87
2005	21834.41	4816.50	4216.11
2006	26127.03	5725.16	5097.40
2007	35490.57	7285.59	6675.64
2008	40793.47	8901.22	8167.10
2009	44049.62	9719.36	9334.62
2010	53340.84	12001.80	12051.80
2011	64906.94	15349.39	15473.13
2012	73751.15	18432.89	18580.00
2013	79358.07	20318.53	20283.33

（六）东部、中部、西部节能减排税收占总体收入的比重

根据表4-6、表4-9、表4-12、表4-15与表4-16的比值，可以分别得出东部、中部、西部的节能减排增值税、消费税、资源税和企业所得税所占比重，见表4-17、表4-18、表4-19、表4-20。

表4-17 1994~2013年东部、中部、西部节能减排增值税占总体收入比重

单位：%

年份	东部	中部	西部
1994	12.6665	11.135	10.3354
1995	12.187	10.8218	9.8385

第四章 不同区域现行节能减排"四税"与"四率"的政策效应实证分析

续表

年份	东部	中部	西部
1996	11.2791	10.2971	8.9708
1997	10.3544	9.9675	8.7797
1998	10.5836	10.9996	9.8021
1999	11.0597	10.9521	10.2391
2000	10.3536	10.3684	9.4403
2001	9.7363	9.2588	8.6224
2002	8.5615	8.2039	7.5418
2003	10.5952	9.596	8.8856
2004	10.4129	9.8777	9.3232
2005	10.4977	10.046	9.6887
2006	10.5772	10.1859	9.9991
2007	9.6262	9.8196	9.737
2008	10.1431	10.2363	9.8564
2009	9.9356	9.4986	8.8675
2010	9.8978	9.2232	8.4844
2011	9.103	8.3149	7.6394
2012	8.5989	6.946	6.7854
2013	8.2092	6.4636	6.254

表4-18 1994~2013年东部、中部、西部节能减排消费税占总体收入比重

单位:%

年份	东部	中部	西部
1994	1.2175	2.0782	3.2344
1995	1.2007	1.9337	3.0662
1996	1.1186	2.0047	2.865
1997	1.0396	2.1208	3.0299
1998	1.1073	2.249	3.1134
1999	0.9589	2.1579	3.0254
2000	0.8448	1.953	2.8492
2001	0.7029	1.6763	2.2586

续表

年份	东部	中部	西部
2002	0.7525	1.8061	2.4411
2003	0.7628	1.7279	2.3109
2004	0.8427	2.0152	2.6144
2005	0.732	1.782	2.1634
2006	1.1048	2.5005	2.8641
2007	0.9863	2.3022	2.5037
2008	0.948	2.0485	2.2816
2009	3.1117	5.3279	5.9739
2010	3.2925	5.4613	5.4712
2011	2.8416	4.5738	4.8118
2012	2.6162	4.3193	4.5737
2013	2.3878	4.0617	4.4524

表4-19 1994~2013年东部、中部、西部节能减排资源税占总体收入比重

单位:%

年份	东部	中部	西部
1994	0.1412	0.6011	0.2214
1995	0.1728	0.5279	0.2215
1996	0.1548	0.5295	0.2282
1997	0.1466	0.5044	0.2654
1998	0.1435	0.5295	0.3245
1999	0.1389	0.5631	0.3343
2000	0.1307	0.5835	0.3851
2001	0.1158	0.568	0.3748
2002	0.1227	0.6156	0.4187
2003	0.0823	0.7583	0.2959
2004	0.0978	0.4196	0.3349
2005	0.1144	0.497	0.4167
2006	0.1415	0.5639	0.5219
2007	0.1262	0.5322	0.5069

第四章 不同区域现行节能减排"四税"与"四率"的政策效应实证分析

续表

年份	东部	中部	西部
2008	0.1121	0.485	0.482
2009	0.1122	0.4565	0.4912
2010	0.1087	0.411	0.5459
2011	0.1391	0.4617	0.8467
2012	0.2642	0.6738	0.9083
2013	0.2706	0.5496	0.9177

表4-20 1994~2013年东部、中部、西部节能减排企业所得税占总体收入比重

单位:%

年份	东部	中部	西部
1994	2.4068	1.854	1.9505
1995	2.589	1.923	2.1739
1996	2.1717	1.6235	1.8725
1997	2.1713	1.613	1.8523
1998	1.7861	1.4227	1.6302
1999	1.8423	1.6103	1.4986
2000	2.0806	2.052	1.8627
2001	2.3958	2.4913	2.1595
2002	2.0666	1.927	1.6844
2003	2.1348	1.9171	1.5637
2004	2.181	2.1164	1.6156
2005	2.4927	2.3311	1.7682
2006	3.2271	3.1374	2.4487
2007	3.191	3.1495	2.48
2008	3.5584	2.8279	2.3567
2009	2.8582	2.1511	1.8055
2010	3.2405	2.482	2.3235
2011	3.6601	2.9668	2.762
2012	3.3115	2.8357	2.5106
2013	3.1561	2.6009	2.2905

第二节 东部地区节能减排"四税"与"四率"的实证分析①

一、研究假设

根据之前的实证分析,本书对东部地区的节能减排税收与企业生产过程中的节能减排各指标重新进行探索性研究。据此提出如下五大假设:

假设1:东部地区节能减排"四率"指标与节能减排"四税"之间存在长期均衡关系,即东部地区的节能减排中的各税收政策会带来企业生产运作过程中各阶段的节能减排目的。

假设2:东部地区的原材料采购阶段,企业资源税与化石能源使用率存在显著关系;资源税的征收会提高原材料采购的成本,因此,提高资源税有利于降低化石能源使用率。

假设3:东部地区生产加工阶段,企业所得税与治污投资率存在显著关系;企业生产加工过程中,促进企业节能减排的税收方式有很多,包括加速折旧、税前扣除、减计收入等,降低企业所得税,有利于提高治污投资率。

假设4:东部地区产品销售阶段,消费税与万元能耗率存在显著关系;企业在产品销售过程中,对产品征收消费税有利于降低万元能耗率。

假设5:东部地区固体废弃物处理阶段,增值税与固体废弃物综合利用率存在显著关系。废弃物处理阶段,对固体废弃物综合利用实行增值税税收优惠有利于提高固体废弃物的综合利用率。

二、研究设计

(一)变量选择及说明

为了对东部地区节能减排税收政策效应进行有效检验,本书选择东部地区

---

① 该部分成果已在《社会经济发展研究》发表。

第四章 不同区域现行节能减排"四税"与"四率"的政策效应实证分析

节能减排"四税"(DS1、DS2、DS3、DS4)作为解释变量,并将不同环节的"四率"(DL1、DL2、DL3、DL4)设定为被解释变量。这些变量具体表述如下:

DS1:表示东部地区节能减排增值税占总体税收的比重。

DS2:表示东部地区节能减排消费税占总体税收的比重。

DS3:表示东部地区节能减排资源税占总体税收的比重。

DS4:表示东部地区的节能减排企业所得税占总体税收的比重。

DL1:表示东部地区的化石能源使用率。

DL2:表示东部地区的治污投资率。

DL3:表示东部地区的万元能耗率。

DL4:表示东部地区的固体废弃物综合利用率。

(二)模型设计与数据说明

本书主要是对东部地区的节能减排"四税"和"四率"进行实证分析,并构建如下多元对数回归模型。方程两边取对数,并加入随机误差 ε。模型构建如下:

模型1:$LN(DL1) = C + \beta_1 * LN(DS1) + \beta_2 * LN(DS2) + \beta_3 * LN(DS3) + \beta_4 * LN(DS4) + \varepsilon$

模型2:$LN(DL2) = C + \beta_1 * LN(DS1) + \beta_2 * LN(DS2) + \beta_3 * LN(DS3) + \beta_4 * LN(DS4) + \varepsilon$

模型3:$LN(DL3) = C + \beta_1 * LN(DS1) + \beta_2 * LN(DS2) + \beta_3 * LN(DS3) + \beta_4 * LN(DS4) + \varepsilon$

模型4:$LN(DL4) = C + \beta_1 * LN(DS1) + \beta_2 * LN(DS2) + \beta_3 * LN(DS3) + \beta_4 * LN(DS4) + \varepsilon$

数据方面,本书选择的是1994~2013年的相关样本数据。其中,DS1、DS2、DS3、DS4、DL1、DL2、DL3、DL4这8个指标是根据《中国税务年鉴》(1995~2014年)和《中国统计年鉴》(1995~2014年)以及《中国环境统计年鉴》(1998年、2005~2013年)的相关统计数据整理计算得出,具体如表4-21所示。

表4-21　1994~2013年东部地区节能减排的"四税"与"四率"

单位：%

年份	DS1	DS2	DS3	DS4	DL1	DL2	DL3	DL4
1994	12.67	1.22	0.14	2.4	0.94	0.65	2.55	0.42
1995	12.19	1.2	0.17	2.59	0.94	0.65	2.16	0.43
1996	11.28	1.12	0.15	2.17	0.94	0.63	1.95	0.43
1997	10.35	1.04	0.15	2.17	0.94	0.63	1.74	0.46
1998	10.58	1.11	0.14	1.79	0.94	0.86	1.57	0.48
1999	11.06	0.96	0.14	1.84	0.94	0.92	1.49	0.46
2000	10.35	0.85	0.13	2.08	0.94	1.01	1.40	0.46
2001	9.74	0.7	0.12	2.40	0.93	1.06	1.31	0.52
2002	8.56	0.75	0.12	2.07	0.93	1.21	1.26	0.52
2003	10.60	0.76	0.08	2.13	0.94	1.29	1.29	0.55
2004	10.40	0.84	0.10	2.18	0.93	1.29	1.27	0.56
2005	10.50	0.73	0.11	2.49	0.93	1.39	1.23	0.56
2006	10.58	1.10	0.14	3.22	0.93	1.29	1.20	0.60
2007	9.62	0.99	0.13	3.19	0.93	1.38	1.16	0.62
2008	10.14	0.95	0.11	3.56	0.92	1.57	1.10	0.64
2009	9.94	3.11	0.11	2.86	0.92	1.54	1.07	0.67
2010	9.90	3.29	0.11	3.24	0.91	1.90	0.81	0.67
2011	9.10	2.84	0.14	3.66	0.92	1.50	0.74	0.61
2012	8.60	2.61	0.26	3.31	0.91	1.59	0.70	0.61
2013	8.20	2.34	0.27	3.16	0.90	1.67	0.66	0.62

资料来源：《中国税务年鉴》（1995~2014年）和《中国统计年鉴》（1995~2014年）以及《中国环境统计年鉴》（1998年、2005~2013年）。

对表4-21数据求对数，得出表4-22。

表4-22　1994~2013年取对数后节能减排的"四税"与"四率"

年份	DS1	DS2	DS3	DS4	DL1	DL2	DL3	DL4
1994	2.539237	0.198851	-1.96611	0.875469	-0.06188	-0.43078	0.936093	-0.8675
1995	2.500616	0.182322	-1.77196	0.951658	-0.06188	-0.43078	0.770108	-0.84397
1996	2.423031	0.113329	-1.89712	0.774727	-0.06188	-0.46204	0.667829	-0.84397

第四章 不同区域现行节能减排"四税"与"四率"的政策效应实证分析

续表

年份	DS1	DS2	DS3	DS4	DL1	DL2	DL3	DL4
1997	2.336987	0.039221	-1.89712	0.774727	-0.06188	-0.462040	0.553885	-0.77653
1998	2.358965	0.104360	-1.96611	0.582216	-0.06188	-0.150820	0.451076	-0.73397
1999	2.403335	-0.040820	-1.96611	0.609766	-0.06188	-0.083380	0.398776	-0.77653
2000	2.336987	-0.162520	-2.04022	0.732568	-0.06188	0.009950	0.336472	-0.77653
2001	2.276241	-0.356670	-2.12026	0.875469	-0.07257	0.058269	0.270027	-0.65393
2002	2.147100	-0.287680	-2.12026	0.727549	-0.07257	0.190620	0.231112	-0.65393
2003	2.360854	-0.274440	-2.52573	0.756122	-0.06188	0.254642	0.254642	-0.59784
2004	2.341806	-0.174350	-2.30259	0.779325	-0.07257	0.254642	0.239017	-0.57982
2005	2.351375	-0.314710	-2.20727	0.912283	-0.07257	0.329304	0.207014	-0.57982
2006	2.358965	0.095310	-1.96611	1.169381	-0.07257	0.254642	0.182322	-0.51083
2007	2.263844	-0.010050	-2.04022	1.160021	-0.07257	0.322083	0.148420	-0.47804
2008	2.316488	-0.051290	-2.20727	1.269761	-0.08338	0.451076	0.095310	-0.44629
2009	2.296567	1.134623	-2.20727	1.050822	-0.08338	0.431782	0.067659	-0.40048
2010	2.292535	1.190888	-2.20727	1.175573	-0.09431	0.641854	-0.210720	-0.40048
2011	2.208274	1.043804	-1.96611	1.297463	-0.08338	0.405465	-0.301110	-0.49430
2012	2.151762	0.959350	-1.34707	1.196948	-0.094310	0.463734	-0.356670	-0.49430
2013	2.104134	0.850151	-1.30933	1.150572	-0.105360	0.512824	-0.415520	-0.47804

三、实证结果与分析

(一)单位根检验

采用 ADF 检验法,对变量进行单位根检验,确保变量稳定和模型有效。各变量的 ADF 的检验结果见表 4-23:

· 表 4-23 各变量的稳健性(ADF)检验

变量	检验类型 (C,T,K)	ADF 值	1%临界值	5%临界值	10%临界值	P-Value	结论
LN(DS1)	(C,0,1)	-1.393	-2.692	-1.96	-1.607	0.1468	不稳定
ΔLN(DS1)	(0,0,0)	-4.940	-3.857	-3.04	-2.660	0.0011	稳定

续表

变量	检验类型(C,T,K)	ADF值	1%临界值	5%临界值	10%临界值	P-Value	结论
LN(DS2)	(C,0,1)	-0.759	-2.692	-1.96	-1.607	0.3740	不稳定
ΔLN(DS2)	(0,0,0)	-4.182	-3.857	-3.04	-2.660	0.0052	稳定
LN(DS3)	(C,0,1)	-0.79	-2.690	-1.96	-1.607	0.3600	不稳定
ΔLN(DS3)	(0,0,0)	-3.652	-3.857	-3.04	-2.660	0.0151	稳定
LN(DS4)	(C,0,1)	0.214	-2.690	-1.96	-1.607	0.7373	不稳定
ΔLN(DS4)	(0,0,0)	-4.492	-3.857	-3.04	-2.660	0.0028	稳定
LN(DL1)	(C,0,1)	2.074	-2.690	-1.96	-1.607	0.9872	不稳定
ΔLN(DL1)	(0,0,0)	-5.838	-3.857	-3.04	-2.660	0.0002	稳定
LN(DL2)	(C,0,1)	-0.511	-2.690	-1.96	-1.607	0.4814	不稳定
ΔLN(DL2)	(0,0,0)	-5.519	-3.857	-3.04	-2.660	0.0003	稳定
LN(DL3)	(C,0,1)	-1.129	-2.690	-1.96	-1.607	0.2253	不稳定
ΔLN(DL3)	(0,0,0)	-3.476	-3.857	-3.04	-2.660	0.0215	稳定
LN(DL4)	(C,0,1)	-2.296	-2.690	-1.96	-1.607	0.0245	不稳定
ΔLN(DL4)	(0,0,0)	-4.082	-3.857	-3.04	-2.660	0.0063	稳定

注：在检验结果表中，C代表常数项，T代表时间趋势项，N代表滞后期数。

由表4-23可知，1994~2013年的这些变量[LN(DS1)、LN(DS2)、LN(DS3)、LN(DS4)、LN(DL1)、LN(DL2)、LN(DL3)、LN(DL4)]的时间序列是非平稳的，对上述变量取一阶差分，ΔLN(DS1)、ΔLN(DS2)、ΔLN(DS3)、ΔLN(DS4)、ΔLN(DL1)、ΔLN(DL2)、ΔLN(DL3)、ΔLN(DL4)均较为平稳，且都是一阶单整，即有协整的可能，故有必要进行协整检验。

(二) 协整检验

由上可知，1994~2013年，LN(DS1)、LN(DS2)、LN(DS3)、LN(DS4)、LN(DL1)、LN(DL2)、LN(DL3)、LN(DL4)这些变量时间序列都是一阶单整。于是，本书采用最小二乘法进行回归分析，进而判断残差序列的平稳性，检测变量之间是否存在协整关系，从而得知变量之间是否存在长期均衡关系。

第四章 不同区域现行节能减排"四税"与"四率"的政策效应实证分析

1. 东部地区的化石能源使用率与节能减排"四税"的协整检验

东部地区化石能源使用率与节能减排"四税"之间的回归方程表述如下，回归方程的残差序列和单位根检验分别见表 4-24、表 4-25。

$$LN(DL1) = C + \beta_1 * LN(DS1) + \beta_2 * LN(DS2) + \beta_3 * LN(DS3) + \beta_4 * LN(DS4) + \varepsilon$$

LNDL1 = −0.1877+0.0574LNDS1−0.0078LNDS2−0.0009LNDS3−0.0207LNDS4

T   −5.625***   4.263***   −2.306**   −0.1889   −2.738**

注：*** 为 1% 显著水平检验；** 为 5% 显著水平检验；* 为 10% 显著水平检验。

调整后的 $R^2 = 0.811$，DW = 2.161，F = 21.409。

表 4-24　回归方程的残差序列（1994~2013 年）（东部地区化石能源使用率指标）

年份	1994	1995	1996	1997	1998	1999	2000	2001	2002	2003
ε	−0.0022	0.0016	0.0017	0.006	0.0013	−0.0018	0.0035	−0.0024	0.0025	0.0013
年份	2004	2005	2006	2007	2008	2009	2010	2011	2012	2013
ε	−0.0069	−0.0057	0.0027	0.0070	−0.0050	0.0010	−0.0068	0.0110	0.0007	−0.0093

表 4-25　残差序列的单位根检验（东部地区化石能源使用率指标）

	检验类型	ADF 值	1%临界值	5%临界值	10%临界值	P-Value	结论
ε	(0, 0, 0)	−4.781	−2.692	−1.960	−1.607	0.0001	稳定

2. 东部地区治污投资率与节能减排"四税"的协整检验

东部地区治污投资率与节能减排"四税"之间的回归方程表述如下，回归方程的残差序列和单位根检验分别见表 4-26、表 4-27。

$$LN(DL2) = C + \beta_1 * LN(DS1) + \beta_2 * LN(DS2) + \beta_3 * LN(DS3) + \beta_4 * LN(DS4) + \varepsilon$$

LNDL2 = 3.0849−2.037LNDS1+0.1014LNDS2−0.5716LNDS3+0.639LNDS4

T   2.952***   −4.827***   0.952   −3.536***   2.695**

注：*** 为 1% 显著水平检验；** 为 5% 显著水平检验；* 为 10% 显著水平检验。

调整后的 $R^2 = 0.747$，DW = 1.47，F = 15.058。

表 4-26　回归方程的残差序列（1994~2003 年）（东部地区治污投资率指标）

年份	1994	1995	1996	1997	1998	1999	2000	2001	2002	2003
ε	-0.0454	-0.0602	-0.2010	-0.3690	0.0640	0.2190	0.0689	-0.1240	-0.1670	0.0809
年份	2004	2005	2006	2007	2008	2009	2010	2011	2012	2013
ε	0.1445	0.2226	0.0954	-0.0567	0.0180	-0.0220	0.0940	-0.239	0.1309	0.1450

表 4-27　残差序列的单位根检验（东部地区治污投资率指标）

	检验类型	ADF 值	1%临界值	5%临界值	10%临界值	P-Value	结论
ε	(0, 0, 0)	-3.211	-2.692	-1.96	-1.607	0.0029	稳定

3. 东部地区万元能耗率与节能减排"四税"的协整检验

东部地区万元能耗率与节能减排"四税"之间的回归方程表述如下，回归方程的残差序列和单位根检验分别见表 4-28、表 4-29。

$$LN(DL3) = C + \beta_1 * LN(DS1) + \beta_2 * LN(DS2) + \beta_3 * LN(DS3) + \beta_4 * LN(DS4) + \varepsilon$$

LNDL3 =　-4.4299+2.359LNDS1-0.1719LNDS2+0.201LNDS3-0.397LNDS4
T　　　-5.388***　　7.103***　　-2.052*　　　1.58　　　-2.128*

注：*** 为1%显著水平检验；** 为5%显著水平检验；* 为10%显著水平检验。

调整后的 $R^2 = 0.849$，DW = 1.518，F = 27.627。

表 4-28　回归方程的残差序列（1994~2013 年）（东部地区万元能耗率指标）

年份	1994	1995	1996	1997	1998	1999	2000	2001	2002	2003
ε	0.1536	0.0671	0.0900	0.1670	-0.0340	-0.2100	-0.0730	0.0430	0.2620	-0.1230
年份	2004	2005	2006	2007	2008	2009	2010	2011	2012	2013
ε	-0.1120	-0.1580	-0.0760	0.1070	0.0002	0.1360	-0.0730	0.0098	-0.0900	-0.0830

表 4-29　残差序列的单位根检验（东部地区万元能耗率指标）

	检验类型	ADF 值	1%临界值	5%临界值	10%临界值	P-Value	结论
ε	(0, 0, 0)	-3.597	-2.692	-1.960	-1.607	0.0011	稳定

第四章　不同区域现行节能减排"四税"与"四率"的政策效应实证分析

4. 东部地区固体废弃物综合利用率与节能减排"四税"的协整检验

东部地区固体废弃物综合利用率与节能减排"四税"之间的回归方程表达如下，回归方程的残差序列和单位根检验分别见表4-30、表4-31。

LN(DL4) = C + β1 * LN(DS1) + β2 * LN(DS2) + β3 * LN(DS3) + β4 * LN(DS4) + ε

LNDL4 = 0.198 − 0.731LNDS1 + 0.06LNDS2 − 0.258LNDS3 + 0.371LNDS4

T　　　　0.528　　−4.822***　　1.565　　−4.44***　　4.35***

注：*** 为1%显著水平检验；** 为5%显著水平检验；* 为10%显著水平检验。

调整后的 R^2 = 0.832，DW = 1.42，F = 24.542。

表4-30　回归方程的残差序列（1994~2013年）（东部地区固体废弃物综合利用率指标）

年份	1994	1995	1996	1997	1998	1999	2000	2001	2002	2003
ε	−0.0524	−0.0343	−0.0536	−0.0447	0.0640	0.0520	−0.0537	−0.0379	−0.0800	0.0150
年份	2004	2005	2006	2007	2008	2009	2010	2011	2012	2013
ε	0.0620	0.0527	0.0697	0.0236	0.0125	0.0540	0.0013	−0.1290	0.0320	0.0470

表4-31　残差序列的单位根检验（东部地区固体废弃物综合利用率指标）

	检验类型	ADF值	1%临界值	5%临界值	10%临界值	P-Value	结论
ε	(0, 0, 0)	−3.271	−2.692	−1.960	−1.607	0.0025	稳定

从表4-24至表4-31可以看出，经过对节能减排"四率"（DL1、DL2、DL3、DL4）的回归分析，其残差序列的ADF值都小于1%临界值，可见回归方程的残差序列ε是平稳的。也就是说，LN(DL1)或LN(DL2)或LN(DL3)或LN(DL4)与LN(DS1)、LN(DS2)、LN(DS3)、LN(DS4)之间存在协整关系。这表明1994~2013年东部地区的"四率"分别与节能减排的"四税"之间存在长期的均衡关系。这正好验证了本书的假设1是成立的。

（三）结果分析

基于上述的实证研究，本书利用最小二乘法分别对东部地区的"四率"与"四税"进行回归分析，多元回归结果见表4-32至表4-35。

表4-32 东部地区化石能源使用率的回归结果

Variable	Coefficient	Std. Error	t-Statistic	Prob.
C	-0.187678	0.033362	-5.625473	0.0000
LNDS1	0.057436	0.013475	4.262559	0.0007
LNDS2	-0.007839	0.003399	-2.305970	0.0358
LNDS3	-0.000975	0.005161	-0.188839	0.8528
LNDS4	-0.020722	0.007569	-2.737583	0.0153
R-squared	0.850948	Mean dependent var		-0.073728
Adjusted R-squared	0.811201	S.D. dependent var		0.013098
S.E. of regression	0.005691	Akaike info criterion		-7.287532
Sum squared resid	0.000486	Schwarz criterion		-7.038599
Log likelihood	77.87532	Hannan-Quinn criter.		-7.238938
F-statistic	21.40909	Durbin-Watson stat		2.161309
Prob (F-statistic)	0.000005			

表4-33 东部地区治污投资率的回归结果

Variable	Coefficient	Std. Error	t-Statistic	Prob.
C	3.084946	1.045014	2.952062	0.0099
LNDS1	-2.037493	0.422067	-4.827412	0.0002
LNDS2	0.101366	0.106478	0.951990	0.3562
LNDS3	-0.571579	0.161659	-3.535717	0.0030
LNDS4	0.639026	0.237099	2.695191	0.0166
R-squared	0.800620	Mean dependent var		0.128052
Adjusted R-squared	0.747452	S.D. dependent var		0.354721
S.E. of regression	0.178262	Akaike info criterion		-0.398808
Sum squared resid	0.476660	Schwarz criterion		-0.149875
Log likelihood	8.988077	Hannan-Quinn criter.		-0.350213
F-statistic	15.05832	Durbin-Watson stat		1.470875
Prob (F-statistic)	0.000039			

第四章 不同区域现行节能减排"四税"与"四率"的政策效应实证分析

表4-34 东部地区万元能耗率的回归结果

Variable	Coefficient	Std. Error	t-Statistic	Prob.
C	-4.429857	0.822171	-5.387999	0.0001
LNDS1	2.358652	0.332064	7.103002	0.0000
LNDS2	-0.171901	0.083772	-2.052004	0.0581
LNDS3	0.200972	0.127186	1.580146	0.1349
LNDS4	-0.396959	0.186539	-2.128021	0.0503
R-squared	0.880487	Mean dependent var		0.226287
Adjusted R-squared	0.848617	S.D. dependent var		0.360463
S.E. of regression	0.140249	Akaike info criterion		-0.878482
Sum squared resid	0.295045	Schwarz criterion		-0.629548
Log likelihood	13.78482	Hannan-Quinn criter.		-0.829887
F-statistic	27.62736	Durbin-Watson stat		1.518436
Prob（F-statistic）	0.000001			

表4-35 东部地区固体废弃物综合利用率的回归结果

Variable	Coefficient	Std. Error	t-Statistic	Prob.
C	0.198324	0.375565	0.528068	0.6052
LNDS1	-0.731365	0.151686	-4.821579	0.0002
LNDS2	0.059881	0.038267	1.564840	0.1385
LNDS3	-0.258007	0.058098	-4.440888	0.0005
LNDS4	0.370673	0.085210	4.350096	0.0006
R-squared	0.867452	Mean dependent var		-0.619353
Adjusted R-squared	0.832106	S.D. dependent var		0.156352
S.E. of regression	0.064065	Akaike info criterion		-2.445516
Sum squared resid	0.061565	Schwarz criterion		-2.196582
Log likelihood	29.45516	Hannan-Quinn criter.		-2.396921
F-statistic	24.54166	Durbin-Watson stat		1.420664
Prob（F-statistic）	0.000002			

(1) 如表 4-32 所示，被解释变量选择为化石能源使用率指标。样本调整后系数 $R^2=0.811$，说明回归模型的拟合度还好，节能减排增值税、消费税、资源税和企业所得税这四个解释变量对化石能源使用率指标变化的解释力度为 81.1%，并且模型的整体性检验 $F=21.409$，$P=0.0000$ 在 1% 水平上是高度显著的，说明解释效果较好，构建的回归模型是高度成立的。

节能减排增值税 DS1 的系数是 0.057，P 值为 0.0007，与化石能源利用率在 1% 的水平上显著相关，节能减排增值税比重每降低 1%，化石能源使用率就会降低 0.057%，两者之间呈正相关关系。节能减排企业所得税 DS4 的系数是 -0.02，P 值为 0.0153，与化石能源利用率在 1% 的水平上显著相关，节能减排企业所得税的比重每增加 1%，化石能源使用率就会降低 0.02%，两者之间呈负相关关系。节能减排消费税 DS2 的系数是 -0.007，P 值为 0.0358，与化石能源利用率在 5% 的水平上显著相关，节能减排企业所得税的比重每增加 1%，化石能源使用率就会降低 0.007%，两者之间呈负相关关系。而节能减排资源税 DS1 与化石能源利用率的关系不够显著。可以说，这与本书的假设资源税与化石能源使用率有显著关系是不符的，故假设 2 不成立。

(2) 如表 4-33 所示，被解释变量选择为治污投资率指标。样本调整后系数 $R^2=0.747$，说明回归模型的拟合度不太好，节能减排增值税、消费税、资源税和企业所得税这四个解释变量对治污率指标变化的解释力度为 74.7%，并且模型的整体性检验 $F=15.058$，$P=0.0000$ 在 1% 水平上是高度显著的，说明解释效果较好，构建的回归模型是高度成立的。

节能减排增值税 DS1 的系数是 -2.037，P 值为 0.0002，与治污投资率在 1% 的水平上显著相关，节能减排增值税的比重每减少 1%，治污投资率就会上升 2.037%，两者之间呈负相关关系。节能减排资源税 DS3 的系数是 -0.572，P 值为 0.003，与治污投资率在 1% 的水平上显著相关，节能减排资源税的比重每降低 1%，治污投资率就会增加 0.572%，两者之间呈负相关关系。节能减排企业所得税 DS4 的系数是 0.639，P 值为 0.0166，与治污投资率在 5% 的水平上显著相关，节能减排企业所得税的比重每增加 1%，治污投资率就会增加 0.639%，两者之间呈正相关关系。而节能减排消费税

第四章 不同区域现行节能减排"四税"与"四率"的政策效应实证分析

DS2 与治污投资率的关系不显著。虽然证明了本书假设的企业所得税与治污投资率之间存在显著关系,但是它们之间却呈正相关关系。因此,假设 3 是不成立的。

(3) 如表 4-34 所示,被解释变量选择为万元消耗率指标。样本调整后系数 $R^2 = 0.8486$,说明回归模型的拟合度还好,节能减排增值税、消费税、资源税和企业所得税这四个解释变量对万元消耗率指标变化的解释力度为 84.86%,并且模型的整体性检验 $F = 27.627$,$P = 0.0000$ 在 1% 水平上是高度显著的,说明解释效果较好,构建的回归模型是高度成立的。

节能减排增值税 DS1 的系数是 2.359,P 值为 0.0000,与万元消耗率在 1% 的水平上显著相关,节能减排增值税的比重每降低 1%,万元消耗率就会降低 2.359%,两者之间呈正相关关系。节能减排消费税 DS2 的系数是 -0.172,P 值为 0.0581,与万元消耗率在 10% 的水平上显著相关,节能减排企业所得税的比重每增加 1%,万元消耗率就会降低 0.172%,两者之间呈负相关关系。节能减排企业所得税的 DS4 的系数是 -0.397,P 值为 0.0503,与万元消耗率在 1% 的水平上显著相关,节能减排企业所得税的比重每增加 1%,万元消耗率就会降低 0.397%,两者之间呈负相关关系。而节能减排资源税与万元消耗率的关系不显著。可以说,这与本书的假设消费税与万元消耗率有显著负相关关系是相符的,故假设 4 成立。

(4) 如表 4-35 所示,被解释变量选择为固体废弃物综合利用率指标。样本调整后系数 $R^2 = 0.832$,说明回归模型的拟合度还好,节能减排增值税、消费税、资源税和企业所得税这四个解释变量对固体废弃物综合利用率指标变化的解释力度为 83.2%,并且模型的整体性检验 $F = 24.54$,$P = 0.0000$ 在 1% 水平上是高度显著的,说明解释效果较好,构建的回归模型是高度成立的。

节能减排增值税 DS1 的系数是 -0.731,P 值为 0.0002,与固体废弃物综合利用率在 1% 的水平上显著相关,节能减排增值税的比重每降低 1%,固体废弃物综合利用率就会增加 0.731%,两者之前呈负相关关系。节能减排资源税 DS3 的系数是 -0.258,P 值为 0.0005,与治污投资率在 1% 的水平上显著相关,节能减排资源税比重每降低 1%,固体废弃物综合利用率就会增加

0.258%，两者之间呈负相关关系。节能减排企业所得税 DS4 的系数是 0.37，P 值为 0.0006，与固体废弃物综合利用率在 1% 的水平上显著相关，节能减排企业所得税的比重每增加 1%，固体废弃物综合利用率就会增加 0.37%，两者之间呈正相关关系。而节能减排消费税与固体废弃物综合利用率的关系不显著。不过，这也证明了本书假设的增值税与固体废弃物综合利用率之间存在显著负相关关系。因此，假设 5 是成立的。

综上所述，通过东部地区的节能减排"四率"（DL1、DL2、DL3、DL4）分别与节能减排"四税"（DS1、DS2、DS3、DS4）之间的回归，发现这两者之间存在长期均衡关系。变量之间的显著关系如表 4-36 所示。

表 4-36 东部地区节能减排"四率"与"四税"的回归结果汇总

	DS1	DS2	DS3	DS4
DL1	4.263***	-2.306**	不显著	-2.738***
DL2	-4.827***	不显著	-3.536***	2.695**
DL3	7.103***	-2.052*	不显著	-2.128*
DL4	-4.822***	不显著	-4.44***	4.35***

注：*** 为 1% 显著水平检验；** 为 5% 显著水平检验；* 为 10% 显著水平检验。

由表 4-36 可知，东部地区节能减排"四率"与节能减排"四税"之间的回归结果，不仅证明了本书之前的假设有对有错，还指出了"四率"和"四税"之间是否呈显著关系。其中，东部地区的节能减排增值税 DS1 与节能减排"四率"都呈显著关系；节能减排企业所得税 DS4 与节能减排"四率"也呈显著关系，但不及节能减排增值税；节能减排资源税 DS3 则与治污投资率 DL2 和固定废弃物综合利率率 DL4 呈显著关系；节能减排消费税 DS2 主要与化石能源率 DL1 和万元消耗率 DL3 呈显著关系。因此，东部地区，就节能减排效果来说，增值税最为突出，其次是企业所得税，再次是资源税，最后才是消费税。

第三节 中部地区节能减排"四税"与"四率"的实证分析

一、研究假设

根据之前的实证分析，本书对中部地区的节能减排税收与企业生产过程中的节能减排各指标重新进行探索性研究。据此，本书特提出如下五大假设：

假设1：中部地区节能减排"四率"指标与节能减排"四税"之间存在长期均衡关系，即中部地区的节能减排中各税收政策会带来企业生产运作过程中各阶段的节能减排目的。

假设2：中部地区的原材料采购阶段，资源税与化石能源使用率存在显著关系；资源税的征收会提高原材料采购的成本，因此，提高资源税有利于降低化石能源使用率。

假设3：中部地区生产加工阶段，企业所得税与治污投资率存在显著关系；企业生产加工过程中，促进企业节能减排的税收方式有很多，包括加速折旧、税前扣除、减计收入等，降低企业所得税，有利于提高治污投资率。

假设4：中部地区产品销售阶段，消费税与万元能耗率存在显著关系；企业产品销售过程中，对产品征收消费税有利于降低万元能耗率。

假设5：中部地区固体废弃物处理阶段，增值税与固体废弃物综合利用率存在显著关系。废弃物处理阶段，对固体废弃物综合利用实行增值税税收优惠有利于提高固体废弃物综合利用率。

二、研究设计

（一）变量选择及说明

为了对中部地区节能减排税收政策效应进行有效检验，本书选择中部地区节能减排"四税"（ZS1、ZS2、ZS3、ZS4）作为解释变量，并将不同环节的"四率"（ZL1、ZL2、ZL3、ZL4）设定为被解释变量。这些变量具体表述如下：

ZS1：表示中部地区节能减排增值税占总体税收的比重。

ZS2：表示中部地区节能减排消费税占总体税收的比重。

ZS3：表示中部地区节能减排资源税占总体税收的比重。

ZS4：表示中部地区节能减排企业所得税占总体税收的比重。

ZL1：表示中部地区化石能源使用率。

ZL2：表示中部地区治污投资率。

ZL3：表示中部地区万元能耗率。

ZL4：表示中部地区固体废弃物综合利用率。

（二）模型设计与数据说明

本书主要是对中部地区的节能减排"四税"和"四率"进行实证分析，并构建如下多元对数回归模型。方程两边取对数，并加入随机误差 ε。模型构建如下：

模型1：$LN(ZL1) = C + \beta_1 * LN(ZS1) + \beta_2 * LN(ZS2) + \beta_3 * LN(ZS3) + \beta_4 * LN(ZS4) + \varepsilon$

模型2：$LN(ZL2) = C + \beta_1 * LN(ZS1) + \beta_2 * LN(ZS2) + \beta_3 * LN(ZS3) + \beta_4 * LN(ZS4) + \varepsilon$

模型3：$LN(ZL3) = C + \beta_1 * LN(ZS1) + \beta_2 * LN(ZS2) + \beta_3 * LN(ZS3) + \beta_4 * LN(ZS4) + \varepsilon$

模型4：$LN(ZL4) = C + \beta_1 * LN(ZS1) + \beta_2 * LN(ZS2) + \beta_3 * LN(ZS3) + \beta_4 * LN(ZS4) + \varepsilon$

数据方面，本书选择的是1994~2013年的相关样本数据。其中，ZS1、ZS2、ZS3、ZS4、ZL1、ZL2、ZL3、ZL4这8个指标是根据《中国税务年鉴》（1995~2014年）和《中国统计年鉴》（1995~2014年）以及《中国环境统计年鉴》（1998年、2005~2013年）的相关统计数据整理计算得出，具体见表4-37。

第四章 不同区域现行节能减排"四税"与"四率"的政策效应实证分析

表4-37 1994~2013年中部地区节能减排的"四税"与"四率"

年份	ZS1	ZS2	ZS3	ZS4	ZL1	ZL2	ZL3	ZL4
1994	11.14	2.08	0.6	1.85	0.94	0.65	2.55	0.42
1995	10.82	1.93	0.53	1.92	0.94	0.65	2.16	0.43
1996	10.3	2	0.53	1.62	0.94	0.63	1.95	0.43
1997	9.97	2.12	0.5	1.61	0.94	0.63	1.74	0.46
1998	11	2.25	0.53	1.42	0.94	0.86	1.57	0.48
1999	10.95	2.16	0.56	1.61	0.94	0.92	1.49	0.46
2000	10.37	1.95	0.58	2.05	0.94	1.01	1.4	0.46
2001	9.26	1.68	0.57	2.49	0.93	1.06	1.31	0.52
2002	8.2	1.8	0.62	1.93	0.93	1.21	1.26	0.52
2003	9.6	1.73	0.76	1.92	0.94	1.29	1.29	0.55
2004	9.88	2.02	0.42	2.12	0.93	1.29	1.27	0.56
2005	10.05	1.78	0.5	2.33	0.93	1.39	1.23	0.56
2006	10.19	2.5	0.56	3.14	0.93	1.29	1.2	0.6
2007	9.82	2.3	0.53	3.15	0.93	1.38	1.16	0.62
2008	10.24	2.05	0.49	2.83	0.92	1.57	1.1	0.64
2009	9.5	5.32	0.46	2.15	0.92	1.54	1.07	0.67
2010	9.22	5.46	0.41	2.48	0.91	1.9	0.81	0.67
2011	8.32	4.57	0.46	2.97	0.92	1.5	0.74	0.61
2012	6.95	4.32	0.67	2.84	0.91	1.59	0.7	0.61
2013	6.46	4.06	0.55	2.6	0.9	1.67	0.66	0.62

资料来源:《中国税务年鉴》(1995~2014年)和《中国统计年鉴》(1995~2014年)以及《中国环境统计年鉴》(1998年、2005~2013年)。

对表4-37数据求对数,得出表4-38:

表4-38 1994~2013年取对数后节能减排的"四税"与"四率"

年份	ZS1	ZS2	ZS3	ZS4	ZL1	ZL2	ZL3	ZL4
1994	2.410542	0.732368	-0.51083	0.615186	-0.06188	-0.43078	0.936093	-0.8675
1995	2.381396	0.65752	-0.63488	0.652325	-0.06188	-0.43078	0.770108	-0.84397
1996	2.332144	0.693147	-0.63488	0.482426	-0.06188	-0.46204	0.667829	-0.84397

续表

年份	ZS1	ZS2	ZS3	ZS4	ZL1	ZL2	ZL3	ZL4
1997	2.299581	0.751416	-0.69315	0.476234	-0.06188	-0.46204	0.553885	-0.77653
1998	2.397895	0.81093	-0.63488	0.350657	-0.06188	-0.15082	0.451076	-0.73397
1999	2.393339	0.770108	-0.57982	0.476234	-0.06188	-0.08338	0.398776	-0.77653
2000	2.338917	0.667829	-0.54473	0.71784	-0.06188	0.00995	0.336472	-0.77653
2001	2.225704	0.518794	-0.56212	0.912283	-0.07257	0.058269	0.270027	-0.65393
2002	2.104134	0.587787	-0.47804	0.65752	-0.07257	0.19062	0.231112	-0.65393
2003	2.261763	0.548121	-0.27444	0.652325	-0.06188	0.254642	0.254642	-0.59784
2004	2.290513	0.703098	-0.8675	0.751416	-0.07257	0.254642	0.239017	-0.57982
2005	2.307573	0.576613	-0.69315	0.845868	-0.07257	0.329304	0.207014	-0.57982
2006	2.321407	0.916291	-0.57982	1.144223	-0.07257	0.254642	0.182322	-0.51083
2007	2.284421	0.832909	-0.63488	1.147402	-0.07257	0.322083	0.14842	-0.47804
2008	2.326302	0.71784	-0.71335	1.040277	-0.08338	0.451076	0.09531	-0.44629
2009	2.251292	1.671473	-0.77653	0.765468	-0.08338	0.431782	0.067659	-0.40048
2010	2.221375	1.697449	-0.8916	0.908259	-0.09431	0.641854	-0.21072	-0.40048
2011	2.118662	1.519513	-0.77653	1.088562	-0.08338	0.405465	-0.30111	-0.4943
2012	1.938742	1.463255	-0.40048	1.043804	-0.09431	0.463734	-0.35667	-0.4943
2013	1.865629	1.401183	-0.59784	0.955511	-0.10536	0.512824	-0.41552	-0.47804

三、实证结果与分析

(一) 单位根检验

采用ADF检验法,对变量进行单位根检验,确保变量稳定和模型有效。各变量的ADF的检验结果,见表4-39:

表4-39 各变量的稳健性检验

变量	检验类型 (C,T,K)	ADF值	1%临界值	5%临界值	10%临界值	P-Value	结论
LN(ZS1)	(C,0,1)	-1.561	-2.692	-1.96	-1.607	0.1088	不稳定
ΔLN(ZS1)	(0,0,0)	-3.183	-3.857	-3.04	-2.66	0.0381	稳定

第四章 不同区域现行节能减排"四税"与"四率"的政策效应实证分析

续表

变量	检验类型（C,T,K）	ADF 值	1%临界值	5%临界值	10%临界值	P-Value	结论
LN(ZS2)	(C,0,1)	0.1155	-2.692	-1.96	-1.607	0.7074	不稳定
ΔLN(ZS2)	(0,0,0)	-4.722	-3.857	-3.04	-2.66	0.0017	稳定
LN(ZS3)	(C,0,1)	-0.546	-2.69	-1.96	-1.607	0.4671	不稳定
ΔLN(ZS3)	(0,0,0)	-5.588	-3.857	-3.04	-2.66	0.0003	稳定
LN(ZS4)	(C,0,1)	0.047	-2.69	-1.96	-1.607	0.6856	不稳定
ΔLN(ZS4)	(0,0,0)	-3.5356	-3.857	-3.04	-2.66	0.0191	稳定
LN(ZL1)	(C,0,1)	2.074	-2.69	-1.96	-1.607	0.9872	不稳定
ΔLN(ZL1)	(0,0,0)	-5.838	-3.857	-3.04	-2.66	0.0002	稳定
LN(ZL2)	(C,0,1)	-0.511	-2.69	-1.96	-1.607	0.4814	不稳定
ΔLN(ZL2)	(0,0,0)	-5.519	-3.857	-3.04	-2.66	0.0003	稳定
LN(ZL3)	(C,0,1)	-1.129	-2.69	-1.96	-1.607	0.2253	不稳定
ΔLN(ZL3)	(0,0,0)	-3.476	-3.857	-3.04	-2.66	0.0215	稳定
LN(ZL4)	(C,0,1)	-2.296	-2.69	-1.96	-1.607	0.0245	不稳定
ΔLN(ZL4)	(0,0,0)	-4.082	-3.857	-3.04	-2.66	0.0063	稳定

注：在检验结果表中，C 代表常数项，T 代表时间趋势项，N 代表滞后期数。

由表 4-39 可知，1994~2013 年的这些变量 [LN(ZS1)、LN(ZS2)、LN(ZS3)、LN(ZS4)、LN(ZL1)、LN(ZL2)、LN(ZL3)、LN(ZL4)] 的时间序列是非平稳的，对上述变量取一阶差分，[ΔLN(ZS1)、ΔLN(ZS2)、ΔLN(ZS3)、ΔLN(ZS4)、ΔLN(ZL1)、ΔLN(ZL2)、ΔLN(ZL3)、ΔLN(ZL4)] 均较为平稳，且都是一阶单整，即有协整的可能，故有必要进行协整检验。

(二) 协整检验

由上可知，1994~2013 年，LN(ZS1)、LN(ZS2)、LN(ZS3)、LN(ZS4)、LN(ZL1)、LN(ZL2)、LN(ZL3)、LN(ZL4) 这些变量时间序列都是一阶单整。于是，本书采用最小二乘法进行回归分析，进而判断残差序列的平稳性，检测变量之间是否存在协整关系，从而得知变量之间是否存在长期均衡关系。

1. 中部地区的化石能源使用率与节能减排"四税"的协整检验

中部地区化石能源使用率与节能减排"四税"之间的回归方程表述如下，

回归方程的残差序列和单位根检验分别见表4-40、表4-41。

LN(ZL1)= C+β1*LN(ZS1)+β2*LN(ZS2)+β3*LN(S3)+β4*LN(ZS4)+ε

LNZL1 = -0.1594+0.0517LNZS1-0.009LNZS2+0.019LNZS3-0.0137LNZS4

T　　　-6.209***　　4.813***　　-2.28**　　2.11*　　-2.61**

注：*** 为1%显著水平检验；** 为5%显著水平检验；* 为10%显著水平检验。

调整后的 R^2 = 0.87，DW = 2.48，F = 32.87。

表4-40 回归方程的残差序列（1994~2013年）（中部地区化石能源使用率指标）

年份	1994	1995	1996	1997	1998	1999	2000	2001	2002	2003
ε	-0.0024	0.0013	0.0019	0.005	-0.0022	-0.0017	0.0028	-0.0004	0.0014	-0.0003
年份	2004	2005	2006	2007	2008	2009	2010	2011	2012	2013
ε	0.0016	-0.0025	0.0018	0.004	-0.01	-1.61E-05	-0.005	0.01	-3.25E-05	-0.005

表4-41 残差序列的单位根检验（中部地区化石能源使用率指标）

	检验类型	ADF值	1%临界值	5%临界值	10%临界值	P-Value	结论
ε	(0, 0, 0)	-5.66	-2.692	-1.96	-1.607	0.0000	稳定

2. 中部地区治污投资率与节能减排"四税"的协整检验

中部地区治污投资率与节能减排"四税"之间的回归方程表述如下，回归方程的残差序列和单位根检验分别见表4-42、表4-43。

LN(ZL2)= C+β1*LN(ZS1)+β2*LN(ZS2)+β3*LN(S3)+β4*LN(ZS4)+ε

LNZL2 = 0.568-0.594LNZS1+0.173LNZS2-0.21LNZS3+0.778LNZS4

T　　　0.446　　-1.115　　0.878　　-0.649　　2.99***

注：*** 为1%显著水平检验；** 为5%显著水平检验；* 为10%显著水平检验。

调整后的 R^2 = 0.565，DW = 0.92，F = 7.168。

表4-42 回归方程的残差序列（1994~2013年）（中部地区治污投资率指标）

年份	1994	1995	1996	1997	1998	1999	2000	2001	2002	2003
ε	-0.279	-0.3387	-0.2732	-0.31	0.159	0.1449	0.043	-0.105	0.159	0.37

第四章 不同区域现行节能减排"四税"与"四率"的政策效应实证分析

续表

年份	2004	2005	2006	2007	2008	2009	2010	2011	2012	2013
ε	0.159	0.229	-0.105	-0.059	0.182	0.154	0.206	-0.176	-0.102	-0.058

表4-43 残差序列的单位根检验（中部地区治污投资率指标）

	检验类型	ADF值	1%临界值	5%临界值	10%临界值	P-Value	结论
ε	(0, 0, 0)	-2.64	-2.692	-1.96	-1.607	0.0114	稳定

3. 中部地区万元能耗率与节能减排"四税"的协整检验

中部地区万元能耗率与节能减排"四税"之间的回归方程表述如下，回归方程的残差序列和单位根检验分别见表4-44、表4-45。

$$LN(ZL3) = C + \beta_1 * LN(ZS1) + \beta_2 * LN(ZS2) + \beta_3 * LN(S3) + \beta_4 * LN(ZS4) + \varepsilon$$

$$LNZL1 = -1.96 + 1.303 LNZS1 - 0.224 LNZS2 + 0.256 LNZS3 - 0.488 LNZS4$$

T　　 -2.182^{**}　 3.46^{***}　 -0.2235　　 0.256　 -2.658^{***}

注：*** 为1%显著水平检验；** 为5%显著水平检验；* 为10%显著水平检验。

调整后的 $R^2 = 0.79$，$DW = 0.837$，$F = 18.83$。

表4-44 回归方程的残差序列（1994~2013年）（中部地区万元能耗率指标）

年份	1994	1995	1996	1997	1998	1999	2000	2001	2002	2003
ε	0.354	0.259	0.146	0.1	-0.195	-0.203	-0.108	-0.039	0.027	-0.217
年份	2004	2005	2006	2007	2008	2009	2010	2011	2012	2013
ε	-0.0358	-0.117	0.033	0.044	-0.121	0.044	-0.09	-0.028	0.02	0.05

表4-45 残差序列的单位根检验（中部地区万元能耗率指标）

	检验类型	ADF值	1%临界值	5%临界值	10%临界值	P-Value	结论
ε	(0, 0, 0)	-3.378	-2.692	-1.96	-1.607	0.0020	稳定

4. 中部地区固体废弃物综合利用率与节能减排"四税"的协整检验

中部地区固体废弃物综合利用率与节能减排"四税"之间的回归方程表

达如下，回归方程的残差序列和单位根检验分别见表4-46、表4-47。

LN(ZL4)= C+β1*LN(ZS1)+β2*LN(ZS2)+β3*LN(S3)+β4*LN(ZS4)+ε

LNZL4 = −0.814−0.131LNZS1+0.116LNZS2−0.15LNZS3+0.37LNZS4

T　　　 −1.638　　 −0.629　　　 1.505　　 −0.86　　 3.643***

注：*** 为1%显著水平检验；** 为5%显著水平检验；* 为10%显著水平检验。

调整后的 R^2 = 0.659，DW = 0.835，F = 10.168。

表4-46　回归方程的残差序列（1994~2013年）（中部地区固体废弃物综合利用率指标）

年份	1994	1995	1996	1997	1998	1999	2000	2001	2002	2003
ε	−0.127	−0.131	−0.079	−0.029	0.0075	−0.002	−0.081	−0.03	0.052	0.166
年份	2004	2005	2006	2007	2008	2009	2010	2011	2012	2013
ε	0.044	0.052	−0.01	0.0185	0.097	0.115	0.038	−0.1	−0.04	−0.03

表4-47　残差序列的单位根检验（中部地区固体废弃物综合利用率指标）

	检验类型	ADF值	1%临界值	5%临界值	10%临界值	P-Value	结论
ε	(0, 0, 0)	−5.66	−2.692	−1.96	−1.607	0.0000	稳定

从表4-40至表4-47可以看出，经过对节能减排的"四率"（ZL1、ZL2、ZL3、ZL4）的回归分析，发现其残差序列的ADF值都小于1%临界值，可见，回归方程的残差序列ε是平稳的。也就是说，LN(ZL1)或LN(ZL2)或LN(ZL3)或LN(ZL4)与LN(ZS1)、LN(ZS2)、LN(ZS3)、LN(ZS4)之间存在协整关系。这表明1994~2013年中部地区"四率"分别与节能减排"四税"之间存在长期的均衡关系。这正好验证了本书的假设1是成立的。

（三）结果分析

基于上述实证研究，本书利用最小二乘法分别对中部地区的"四率"与"四税"进行回归分析，多元回归结果见表4-48至表4-51。

第四章 不同区域现行节能减排"四税"与"四率"的政策效应实证分析

表 4-48 中部地区化石能源使用率的回归结果

Variable	Coefficient	Std. Error	t-Statistic	Prob.
C	-0.159356	0.025666	-6.208819	0.0000
LNZS1	0.051691	0.010740	4.812733	0.0002
LNZS2	-0.009043	0.003967	-2.279719	0.0377
LNZS3	0.019057	0.009031	2.110209	0.0520
LNZS4	-0.013674	0.005243	-2.608087	0.0198
R-squared	0.897592	Mean dependent var		-0.073728
Adjusted R-squared	0.870283	S. D. dependent var		0.013098
S. E. of regression	0.004717	Akaike info criterion		-7.662858
Sum squared resid	0.000334	Schwarz criterion		-7.413925
Log likelihood	81.62858	Hannan-Quinn criter.		-7.614264
F-statistic	32.86818	Durbin-Watson stat		2.478760
Prob (F-statistic)	0.000000			

表 4-49 中部地区治污投资率的回归结果

Variable	Coefficient	Std. Error	t-Statistic	Prob.
C	0.567645	1.273016	0.445906	0.6620
LNZS1	-0.593783	0.532716	-1.114635	0.2825
LNZS2	0.172797	0.196745	0.878280	0.3936
LNZS3	-0.209918	0.447922	-0.468647	0.6461
LNZS4	0.777852	0.260042	2.991260	0.0091
R-squared	0.656529	Mean dependent var		0.128052
Adjusted R-squared	0.564936	S. D. dependent var		0.354721
S. E. of regression	0.233972	Akaike info criterion		0.145084
Sum squared resid	0.821140	Schwarz criterion		0.394017
Log likelihood	3.549163	Hannan-Quinn criter.		0.193678
F-statistic	7.167946	Durbin-Watson stat		0.918741
Prob (F-statistic)	0.001958			

表 4-50 中部地区万元能耗率的回归结果

Variable	Coefficient	Std. Error	t-Statistic	Prob.
C	-1.963023	0.899559	-2.182207	0.0454
LNZS1	1.302681	0.376436	3.460565	0.0035
LNZS2	-0.223535	0.139027	-1.607848	0.1287
LNZS3	0.255721	0.316518	0.807920	0.4318
LNZS4	-0.488361	0.183755	-2.657680	0.0179
R-squared	0.833913	Mean dependent var		0.226287
Adjusted R-squared	0.789623	S.D. dependent var		0.360463
S.E. of regression	0.165333	Akaike info criterion		-0.549395
Sum squared resid	0.410024	Schwarz criterion		-0.300462
Log likelihood	10.49395	Hannan-Quinn criter.		-0.500801
F-statistic	18.82855	Durbin-Watson stat		0.837293
Prob (F-statistic)	0.000010			

表 4-51 中部地区固体废弃物综合利用率的回归结果

Variable	Coefficient	Std. Error	t-Statistic	Prob.
C	-0.813858	0.496980	-1.637607	0.1223
LNZS1	-0.130827	0.207970	-0.629067	0.5388
LNZS2	0.115590	0.076809	1.504909	0.1531
LNZS3	-0.150516	0.174867	-0.860744	0.4029
LNZS4	0.369822	0.101519	3.642876	0.0024
R-squared	0.730557	Mean dependent var		-0.619353
Adjusted R-squared	0.658706	S.D. dependent var		0.156352
S.E. of regression	0.091342	Akaike info criterion		-1.736104
Sum squared resid	0.125149	Schwarz criterion		-1.487171
Log likelihood	22.36104	Hannan-Quinn criter.		-1.687510
F-statistic	10.16762	Durbin-Watson stat		0.834806
Prob (F-statistic)	0.000347			

第四章 不同区域现行节能减排"四税"与"四率"的政策效应实证分析

（1）如表4-48所示，被解释变量选择为化石能源使用率指标。样本调整后系数 $R^2=0.87$，说明回归模型的拟合度还好，节能减排增值税、消费税、资源税和企业所得税这四个解释变量对化石能源使用率指标变化的解释高达87%，且该模型的整体性检验 $F=32.868$，$P=0.0000$ 在1%水平上是高度显著的，这说明总体解释效果好，构建的回归模型是高度成立的。

节能减排增值税 ZS1 的系数是 0.0517，P 值为 0.0002，与化石能源利用率在1%的水平上显著相关，节能减排增值税的比重每降低1%，化石能源使用率就会降低 0.0517%，两者之间表现为正相关关系。节能减排企业消费税 ZS2 的系数是 -0.009，P 值为 0.0377，与化石能源利用率在5%的水平上显著相关，节能减排企业所得税的比重每增加1%，化石能源使用率就会降低 0.009%，两者之间表现为负相关关系。节能减排企业所得税 ZS4 的系数是 -0.0137，P 值为 0.0198，与化石能源利用率在5%的水平上显著相关，节能减排企业所得税的比重每增加1%，化石能源使用率就会降低 0.0137%，两者之间呈负相关关系。而节能减排资源税 ZS3 与化石能源利用率关系不够显著。可以说，这与本书的假设资源税与化石能源使用率有显著关系是不符的，故假设2不成立。

（2）如表4-49所示，被解释变量选择为治污投资率指标。样本调整后系数 $R^2=0.565$，说明回归模型的拟合度不是太好，节能减排增值税、消费税、资源税和企业所得税这四个解释变量对治污率指标变化的解释力度仅为56.5%，但模型的整体性检验 $F=7.168$，$P=0.002$ 在1%水平上是高度显著的，说明解释效果不错，构建回归模型是成立的。

节能减排企业所得税 ZS4 的系数是 0.778，P 值为 0.0091，与治污投资率在1%的水平上显著相关，节能减排企业所得税的比重每增加1%，治污投资率就会增加 0.778%，两者之间呈正相关关系。而节能减排增值税 ZS1、消费税 ZS2 和资源税 ZS3 均与治污投资率关系不显著。虽然证明了本书假设的企业所得税与治污投资率之间存在显著关系，但是它们之间却呈正相关关系。因此，假设3是不成立的。

（3）如表4-50所示，被解释变量选择为万元消耗率指标。样本调整后系数 $R^2=0.7896$，说明回归模型的拟合度很好，节能减排增值税、消费税、资源税和企业所得税这四个解释变量对万元消耗率指标变化的解释力度为78.96%,且模型的整体性检验 F=18.829,P=0.0003 在1%水平上是高度显著的,说明解释效果较好,构建的回归模型是高度成立的。

节能减排增值税 ZS1 的系数是 1.303,P 值为 0.0035,与万元消耗率在1%的水平上显著相关,节能减排增值税的比重每降低 1%,万元消耗率就会降低 1.303%,两者之间呈正相关关系。节能减排企业所得税 ZS4 的系数是 -0.488,P 值为 0.0179,与万元消耗率在1%的水平上显著相关,节能减排企业所得税的比重每增加 1%,万元消耗率就会降低 0.488%,两者之间呈负相关关系。而节能减排消费税和资源税与万元消耗率关系不显著。可以说,这与本书的假设消费税与万元消耗率有显著关系是不符的,故假设4不成立。

(4) 如表 4-51 所示,被解释变量选择为固体废弃物综合利用率指标。样本调整后系数 $R^2=0.6587$,说明回归模型的拟合度还好,节能减排增值税、消费税、资源税和企业所得税这四个解释变量对固体废弃物综合利用率指标变化解释力度为 65.87%,并且模型的整体性检验 F=10.168,P=0.0000 在1%水平上是高度显著的,说明解释效果较好,构建的回归模型是高度成立的。

节能减排企业所得税 S4 的系数是 0.37,P 值为 0.0024,与固体废弃物综合利用率在1%的水平上显著相关,节能减排企业所得税比重每增加 1%,固体废弃物综合利用率就会增加 0.37%,两者之间呈正相关关系。而节能减排增值税、消费税、资源税与固体废弃物综合利用率关系不显著。不过,这也证明了本书假设的增值税与固体废弃物综合利用率之间不存在显著关系。因此,假设5是不成立的。

综上所述,通过中部地区的节能减排"四率"(ZL1、ZL2、ZL3、ZL4)分别与节能减排"四税"(ZS1、ZS2、ZS3、ZS4)之间的回归,发现这两者之间存在长期均衡关系。变量之间的显著关系,见表 4-52。

表 4-52 中部地区节能减排"四率"与"四税"的回归结果汇总

	ZS1	ZS2	ZS3	ZS4
ZL1	4.813***	-2.279**	2.11*	-2.608**
ZL2	不显著	不显著	不显著	2.991***

第四章 不同区域现行节能减排"四税"与"四率"的政策效应实证分析

续表

	ZS1	ZS2	ZS3	ZS4
ZL3	3.46***	不显著	不显著	−2.658**
ZL4	不显著	不显著	不显著	3.643***

注：*** 为1%显著水平检验；** 为5%显著水平检验；* 为10%显著水平检验。

由表4-52可知，中部地区节能减排"四率"与节能减排"四税"之间的回归结果，不仅证明了本书之前的假设有对有错，还指出了"四率"和"四税"之间是否呈显著关系。其中，中部地区的节能减排企业所得税ZS4与节能减排"四率"都呈显著关系；节能减排增值税ZS1主要与化石能源率ZL1和万元消耗率ZL3呈显著关系；而消费税ZS2和资源税ZS3则仅与化石能源使用率ZL1呈显著关系。因此，中部地区，就节能减排效果来说，企业所得税最为突出；其次就是增值税，消费税和资源税表现较差。

第四节 西部地区节能减排"四税"与"四率"的实证分析

一、研究假设

根据之前的实证分析，本书对西部地区的节能减排税收与企业生产过程中的节能减排各指标重新进行探索性研究。据此，特提出如下五大假设：

假设1：西部地区节能减排"四率"指标与节能减排"四税"之间存在长期均衡关系，即西部地区节能减排中各税收政策会带来企业生产运作过程中各阶段的节能减排目的。

假设2：西部地区的原材料采购阶段，资源税与化石能源使用率存在显著关系；资源税的征收会提高原材料采购的成本，因此，提高资源税有利于降低化石能源使用率。

假设3：西部地区生产加工阶段，企业所得税与治污投资率存在显著关系；企业生产加工过程中，促进企业节能减排的税收方式有很多，包括加速折旧、税前扣除、减计收入等，降低企业所得税，有利于提高治污投资率。

假设4：西部地区产品销售阶段，消费税与万元能耗率存在显著关系；企业产品销售过程中，对产品征收消费税有利于降低万元能耗率。

假设5：西部地区固体废弃物处理阶段，增值税与固体废弃物综合利用率存在显著关系。废弃物处理阶段，对固体废弃物综合利用实行增值税税收优惠有利于提高固体废弃物综合利用率。

二、研究设计

（一）变量选择及说明

为了对西部地区的节能减排税收政策效应进行有效检验，本书选择西部地区节能减排"四税"（XS1、XS2、XS3、XS4）作为解释变量，并将不同环节的"四率"（XL1、XL2、XL3、XL4）设定为被解释变量。这些变量具体表述如下：

XS1：表示西部地区节能减排增值税占总体税收的比重。

XS2：表示西部地区节能减排消费税占总体税收的比重。

XS3：表示西部地区节能减排资源税占总体税收的比重。

XS4：表示西部地区节能减排企业所得税占总体税收的比重。

XL1：表示西部地区的化石能源使用率。

XL2：表示西部地区的治污投资率。

XL3：表示西部地区的万元能耗率。

XL4：表示西部地区的固体废弃物综合利用率。

（二）模型设计与数据说明

本书主要是对西部地区的节能减排"四税"和"四率"进行实证分析，并构建如下多元对数回归模型。方程两边取对数，并加入随机误差 ε。模型构建如下：

模型1：$LN(XL1) = C + \beta_1 * LN(XS1) + \beta_2 * LN(XS2) + \beta_3 * LN(XS3) + \beta_4 * LN(XS4) + \varepsilon$

第四章 不同区域现行节能减排"四税"与"四率"的政策效应实证分析

模型2：LN(XL2)= C+β1*LN(XS1)+β2*LN(XS2)+β3*LN(XS3)+β4*LN(XS4)+ε

模型3：LN(XL3)= C+β1*LN(XS1)+β2*LN(XS2)+β3*LN(XS3)+β4*LN(XS4)+ε

模型4：LN(XL4)= C+β1*LN(XS1)+β2*LN(XS2)+β3*LN(vS3)+β4*LN(XS4)+ε

数据方面，本书选择的是1994~2013年的相关样本数据。其中XS1、XS2、XS3、XS4、XL1、XL2、XL3、XL4这8个指标是根据《中国税务年鉴》（1995~2014年）和《中国统计年鉴》（1995~2014年）以及《中国环境统计年鉴》（1998年、2005~2013年）的相关统计数据整理计算得出的，具体见表4-53。

表4-53　1994~2013年西部地区节能减排的"四税"与"四率"

年份	XS1	XS2	XS3	XS4	XL1	XL2	XL3	XL4
1994	10.34	3.23	0.22	1.95	0.94	0.65	2.55	0.42
1995	9.84	3.07	0.22	2.17	0.94	0.65	2.16	0.43
1996	8.97	2.87	0.23	1.87	0.94	0.63	1.95	0.43
1997	8.78	3.03	0.27	1.85	0.94	0.63	1.74	0.46
1998	9.8	3.11	0.32	1.63	0.94	0.86	1.57	0.48
1999	10.24	3.03	0.33	1.5	0.94	0.92	1.49	0.46
2000	9.44	2.85	0.39	1.86	0.94	1.01	1.4	0.46
2001	8.62	2.26	0.37	2.16	0.93	1.06	1.31	0.52
2002	7.54	2.44	0.42	1.68	0.93	1.21	1.26	0.52
2003	8.89	2.31	0.3	1.56	0.94	1.29	1.29	0.55
2004	9.32	2.61	0.33	1.62	0.93	1.27	1.27	0.56
2005	9.69	2.16	0.42	1.77	0.93	1.39	1.23	0.56
2006	10	2.86	0.52	2.45	0.93	1.29	1.2	0.6
2007	9.73	2.5	0.51	2.48	0.93	1.38	1.16	0.62
2008	9.86	2.28	0.48	2.36	0.92	1.57	1.1	0.64
2009	8.87	5.97	0.49	1.81	0.92	1.54	1.07	0.67
2010	8.48	5.47	0.55	2.32	0.91	1.9	0.81	0.67
2011	7.64	4.81	0.85	2.76	0.92	1.5	0.74	0.61

续表

年份	XS1	XS2	XS3	XS4	XL1	XL2	XL3	XL4
2012	6.79	4.57	0.91	2.51	0.91	1.59	0.7	0.61
2013	6.25	4.45	0.92	2.29	0.9	1.67	0.66	0.62

资料来源：《中国税务年鉴》（1995～2014年）和《中国统计年鉴》（1995～2014年）以及《中国环境统计年鉴》（1998年、2005～2013年）。

对表4-53数据求对数，得出表4-54：

表4-54 1994～2013年取对数后节能减排的"四税"与"四率"

年份	XS1	XS2	XS3	XS4	XL1	XL2	XL3	XL4
1994	2.33602	1.172482	-1.51413	0.667829	-0.06188	-0.43078	0.936093	-0.8675
1995	2.286456	1.121678	-1.51413	0.774727	-0.06188	-0.43078	0.770108	-0.84397
1996	2.193886	1.054312	-1.46968	0.625938	-0.06188	-0.46204	0.667829	-0.84397
1997	2.172476	1.108563	-1.30933	0.615186	-0.06188	-0.46204	0.553885	-0.77653
1998	2.282382	1.134623	-1.13943	0.48858	-0.06188	-0.15082	0.451076	-0.73397
1999	2.326302	1.108563	-1.10866	0.405465	-0.06188	-0.08338	0.398776	-0.77653
2000	2.244956	1.047319	-0.94161	0.620576	-0.06188	0.00995	0.336472	-0.77653
2001	2.154085	0.815365	-0.99425	0.770108	-0.07257	0.058269	0.270027	-0.65393
2002	2.020222	0.891998	-0.8675	0.518794	-0.07257	0.19062	0.231112	-0.65393
2003	2.184927	0.837248	-1.20397	0.444686	-0.06188	0.254642	0.254642	-0.59784
2004	2.232163	0.95935	-1.10866	0.482426	-0.07257	0.254642	0.239017	-0.57982
2005	2.271094	0.770108	-0.8675	0.57098	-0.07257	0.329304	0.207014	-0.57982
2006	2.302585	1.050822	-0.65393	0.896088	-0.07257	0.254642	0.182322	-0.51083
2007	2.275214	0.916291	-0.67334	0.908259	-0.07257	0.322083	0.14842	-0.47804
2008	2.288486	0.824175	-0.73397	0.858662	-0.08338	0.451076	0.09531	-0.44629
2009	2.182675	1.786747	-0.71335	0.593327	-0.08338	0.431782	0.067659	-0.40048
2010	2.13771	1.699279	-0.59784	0.841567	-0.09431	0.641854	-0.21072	-0.40048
2011	2.033398	1.570697	-0.16252	1.015231	-0.08338	0.405465	-0.30111	-0.4943
2012	1.915451	1.519513	-0.09431	0.920283	-0.09431	0.463734	-0.35667	-0.4943
2013	1.832581	1.492904	-0.08338	0.828552	-0.10536	0.512824	-0.41552	-0.47804

第四章 不同区域现行节能减排"四税"与"四率"的政策效应实证分析

三、实证结果与分析

(一) 单位根检验

采用 ADF 检验法,对变量进行单位根检验,确保变量稳定和模型有效。各变量的 ADF 的检验结果,见表 4-55:

表 4-55 各变量的稳健性 (ADF) 检验

变量	检验类型 (C,T,K)	ADF 值	1%临界值	5%临界值	10%临界值	P-Value	结论
LN(XS1)	(C,0,1)	-1.41	-2.692	-1.96	-1.607	0.1427	不稳定
ΔLN(XS1)	(0,0,0)	-2.997	-3.857	-3.04	-2.66	0.0542	稳定
LN(XS2)	(C,0,1)	-0.128	-2.692	-1.96	-1.607	0.6264	不稳定
ΔLN(XS2)	(0,0,0)	-5.077	-3.857	-3.04	-2.66	0.0008	稳定
LN(XS3)	(C,0,1)	-2.057	-2.69	-1.96	-1.607	0.0409	不稳定
ΔLN(XS3)	(0,0,0)	-4.054	-3.857	-3.04	-2.66	0.0067	稳定
LN(XS4)	(C,0,1)	-0.246	-2.69	-1.96	-1.607	0.5841	不稳定
ΔLN(XS4)	(0,0,0)	-3.937	-3.857	-3.04	-2.66	0.0085	稳定
LN(XL1)	(C,0,1)	2.074	-2.69	-1.96	-1.607	0.9872	不稳定
ΔLN(XL1)	(0,0,0)	-5.838	-3.857	-3.04	-2.66	0.0002	稳定
LN(XL2)	(C,0,1)	-0.511	-2.69	-1.96	-1.607	0.4814	不稳定
ΔLN(XL2)	(0,0,0)	-5.519	-3.857	-3.04	-2.66	0.0003	稳定
LN(XL3)	(C,0,1)	-1.129	-2.69	-1.96	-1.607	0.2253	不稳定
ΔLN(XL3)	(0,0,0)	-3.476	-3.857	-3.04	-2.66	0.0215	稳定
LN(XL4)	(C,0,1)	-2.296	-2.69	-1.96	-1.607	0.0245	不稳定
ΔLN(XL4)	(0,0,0)	-4.082	-3.857	-3.04	-2.66	0.0063	稳定

注:在检验结果表中,C 代表常数项,T 代表时间趋势项,N 代表滞后期数。

由表 4-55 可知,1994~2013 年的这些变量 [LN(XS1)、LN(XS2)、LN(XS3)、LN(XS4)、LN(XL1)、LN(XL2)、LN(XL3)、LN(XL4)] 的时间序列是非平稳的。对上述变量取一阶差分,[ΔLN(XS1)、ΔLN(XS2)、ΔLN(XS3)、ΔLN(XS4)、ΔLN(XL1)、ΔLN(XL2)、ΔLN(XL3)、ΔLN(XL4)] 均较为平

稳,且都是一阶单整,即有协整的可能,故有必要进行协整检验。

(二) 协整检验

由上可知,1994~2013 年,LN(XS1)、LN(XS2)、LN(XS3)、LN(XS4)、LN(XL1)、LN(XL2)、LN(XL3)、LN(XL4) 这些变量时间序列都是一阶单整。于是,本书采用最小二乘法进行回归分析,进而判断残差序列的平稳性,检测变量之间是否存在协整关系,从而得知变量之间是否存在长期均衡关系。

1. 西部地区的化石能源使用率与节能减排"四税"的协整检验

西部地区化石能源使用率与节能减排"四税"之间的回归方程可表述如下,回归方程的残差序列和单位根检验分别见表 4-56、表 4-57。

$$LN(XL1) = C + \beta_1 * LN(XS1) + \beta_2 * LN(XS2) + \beta_3 * LN(XS3) + \beta_4 * LN(XS4) + \varepsilon$$

LNXL1 = -0.1204 + 0.0205LNXS1 - 0.0075LNXS2 - 0.0172LNXS3 - 0.007LNXS4
T   -3.699***   1.36   -1.339   -3.039***   -0.671

注:*** 为 1%显著水平检验; ** 为 5%显著水平检验; * 为 10%显著水平检验。

调整后的 R^2 = 0.768,DW = 2.007,F = 16.722。

表 4-56 回归方程的残差序列 (1994~2013 年) (西部地区化石能源使用率指标)

年份	1994	1995	1996	1997	1998	1999	2000	2001	2002	2003
ε	-0.002	-0.0006	0.0005	0.004	0.004	0.003	0.008	-0.002	0.002	0.0024
年份	2004	2005	2006	2007	2008	2009	2010	2011	2012	2013
ε	-0.0065	-0.004	0.0035	0.0028	-0.01	-0.003	-0.009	0.011	-0.003	-0.007

表 4-57 残差序列的单位根检验 (西部地区化石能源使用率指标)

	检验类型	ADF 值	1%临界值	5%临界值	10%临界值	P-Value	结论
ε	(0, 0, 0)	-4.297	-2.692	-1.96	-1.607	0.0002	稳定

2. 西部地区治污投资率与节能减排"四税"的协整检验

西部地区治污投资率与节能减排"四税"之间的回归方程可表述如下,

第四章 不同区域现行节能减排"四税"与"四率"的政策效应实证分析

其残差序列和单位根检验分别见表4-58、表4-59。

$LN(XL2) = C + \beta1 * LN(XS1) + \beta2 * LN(XS2) + \beta3 * LN(XS3) + \beta4 * LN(XS4) + \varepsilon$

$LNXL2 = -0.06 + 0.697LNXS1 - 0.087LNXS2 + 0.993LNXS3 - 0.509LNXS4$

T   -0.06   1.548   -0.518   5.876***   -1.648

注：*** 为1%显著水平检验； ** 为5%显著水平检验； * 为10%显著水平检验。

调整后的 $R^2 = 0.718$，DW = 1.066，F = 13.109。

表4-58 回归方程的残差序列（1994~2013年）（西部地区治污投资率指标）

年份	1994	1995	1996	1997	1998	1999	2000	2001	2002	2003
ε	0.053	0.032	-0.061	-0.206	-0.202	-0.24	-0.152	0.068	0.046	0.287
年份	2004	2005	2006	2007	2008	2009	2010	2011	2012	2013
ε	0.189	0.026	-0.093	0.008	0.154	0.137	0.382	-0.137	-0.117	-0.07

表4-59 残差序列的单位根检验（西部地区治污投资率指标）

	检验类型	ADF值	1%临界值	5%临界值	10%临界值	P-Value	结论
ε	(0, 0, 0)	-2.561	-2.692	-1.96	-1.607	0.0135	稳定

3. 西部地区万元能耗率与节能减排"四税"的协整检验

西部地区万元能耗率与节能减排"四税"之间的回归方程可表述如下，其残差序列和单位根检验分别见表4-60、表4-61。

$LN(XL3) = C + \beta1 * LN(XS1) + \beta2 * LN(XS2) + \beta3 * LN(XS3) + \beta4 * LN(XS4) + \varepsilon$

$LNXL3 = -1.116 + 0.198LNXS1 - 0.007LNXS2 - 0.817LNXS3 + 0.278LNXS4$

T   -2.06*   0.789   -0.076   -8.67***   1.615

注：*** 为1%显著水平检验； ** 为5%显著水平检验； * 为10%显著水平检验。

调整后的 $R^2 = 0.915$，DW = 1.89，F = 52.266。

表4-60 回归方程的残差序列（1994~2013年）（西部地区万元能耗率指标）

年份	1994	1995	1996	1997	1998	1999	2000	2001	2002	2003
ε	0.175	-0.011	-0.018	0.0065	0.056	0.043	0.073	-0.062	0.1	-0.163
年份	2004	2005	2006	2007	2008	2009	2010	2011	2012	2013
ε	-0.12	0.011	0.066	0.017	-0.075	0.016	-0.229	0.007	0.057	0.049

表4-61 残差序列的单位根检验（西部地区万元能耗率指标）

检验类型		ADF值	1%临界值	5%临界值	10%临界值	P-Value	结论
ε	(0, 0, 0)	-4.884	-2.692	-1.96	-1.607	0.0001	稳定

4. 西部地区固体废弃物综合利用率与节能减排"四税"的协整检验

西部地区固体废弃物综合利用率与节能减排"四税"之间的回归方程表达如下，回归方程的残差序列和单位根检验又分别如表4-62、表4-63所示。

$LN(XL4) = C + \beta_1 * LN(XS1) + \beta_2 * LN(XS2) + \beta_3 * LN(XS3) + \beta_4 * LN(XS4) + \varepsilon$

LNXL4 = -1.06+0.3671LNXS1+0.018LNXS2+0.379LNXS3-0.0671LNXS4
T   -2.12   1.587   0.204   4.35***   -0.4225

注：*** 为1%显著水平检验；** 为5%显著水平检验；* 为10%显著水平检验。
调整后的 $R^2 = 0.616$，DW = 0.893，F = 8.606。

表4-62 回归方程的残差序列（1994~2013年）（西部地区固体废弃物综合利用率指标）

年份	1994	1995	1996	1997	1998	1999	2000	2001	2002	2003
ε	-0.069	-0.019	-0.011	0.002	-0.069	-0.145	-0.162	0.027	0.011	0.13
年份	2004	2005	2006	2007	2008	2009	2010	2011	2012	2013
ε	0.095	-0.0018	-0.008	0.045	0.093	0.135	0.126	-0.08	-0.07	-0.03

表4-63 残差序列的单位根检验（西部地区固体废弃物综合利用率指标）

检验类型		ADF值	1%临界值	5%临界值	10%临界值	P-Value	结论
ε	(0, 0, 0)	-2.377	-2.692	-1.96	-1.607	0.0205	稳定

第四章 不同区域现行节能减排"四税"与"四率"的政策效应实证分析

从表4-56至表4-63可以看出，通过对节能减排的"四率"（XL1、XL2、XL3、XL4）的回归分析，其残差序列的ADF值都小于1%临界值，可见，回归方程的残差序列ε是平稳的。也就是说，LN(XL1)或LN(XL2)或LN(XL3)或LN(XL4)与LN(XS1)、LN(XS2)、LN(XS3)、LN(XS4)之间存在协整关系。这表明1994～2013年西部地区"四率"分别与节能减排"四税"之间存在长期的均衡关系。这正好验证了本书的假设1是成立的。

（三）结果分析

基于上述的实证研究，本书利用最小二乘法分别对西部地区的"四率"与"四税"进行回归分析，多元回归结果见表4-64至表4-67。

表4-64 西部地区化石能源使用率的回归结果

Variable	Coefficient	Std. Error	t-Statistic	Prob.
C	-0.120394	0.032541	-3.699705	0.0021
LNXS1	0.020508	0.015079	1.360048	0.1939
LNXS2	-0.007498	0.005600	-1.338994	0.2005
LNXS3	-0.017212	0.005663	-3.039151	0.0083
LNXS4	-0.006953	0.010359	-0.671191	0.5123
R-squared	0.816823	Mean dependent var		-0.073728
Adjusted R-squared	0.767976	S.D. dependent var		0.013098
S.E. of regression	0.006309	Akaike info criterion		-7.081371
Sum squared resid	0.000597	Schwarz criterion		-6.832438
Log likelihood	75.81371	Hannan-Quinn criter.		-7.032777
F-statistic	16.72200	Durbin-Watson stat		2.007081
Prob (F-statistic)	0.000021			

表 4-65　西部地区治污投资率的回归结果

Variable	Coefficient	Std. Error	t-Statistic	Prob.
C	-0.060249	0.971174	-0.062037	0.9514
LNXS1	0.696773	0.450018	1.548323	0.1424
LNXS2	-0.086603	0.167124	-0.518194	0.6119
LNXS3	0.993068	0.169016	5.875571	0.0000
LNXS4	-0.509422	0.309169	-1.647711	0.1202
R-squared	0.777567	Mean dependent var		0.128052
Adjusted R-squared	0.718251	S.D. dependent var		0.354721
S.E. of regression	0.188286	Akaike info criterion		-0.289392
Sum squared resid	0.531774	Schwarz criterion		-0.040459
Log likelihood	7.893923	Hannan-Quinn criter.		-0.240798
F-statistic	13.10899	Durbin-Watson stat		1.066461
Prob (F-statistic)	0.000087			

表 4-66　西部地区万元能耗率的回归结果

Variable	Coefficient	Std. Error	t-Statistic	Prob.
C	-1.115554	0.541414	-2.060446	0.0571
LNXS1	0.197873	0.250878	0.788722	0.4426
LNXS2	-0.007115	0.093169	-0.076369	0.9401
LNXS3	-0.816980	0.094224	-8.670622	0.0000
LNXS4	0.278417	0.172357	1.615352	0.1271
R-squared	0.933055	Mean dependent var		0.226287
Adjusted R-squared	0.915203	S.D. dependent var		0.360463
S.E. of regression	0.104966	Akaike info criterion		-1.458035
Sum squared resid	0.165269	Schwarz criterion		-1.209102
Log likelihood	19.58035	Hannan-Quinn criter.		-1.409441
F-statistic	52.26618	Durbin-Watson stat		1.890539
Prob (F-statistic)	0.000000			

第四章 不同区域现行节能减排"四税"与"四率"的政策效应实证分析

表 4-67 西部地区固体废弃物综合利用率的回归结果

Variable	Coefficient	Std. Error	t-Statistic	Prob.
C	-1.060025	0.500017	-2.119980	0.0511
LNXS1	0.367769	0.231695	1.587297	0.1333
LNXS2	0.017592	0.086045	0.204449	0.8408
LNXS3	0.378526	0.087019	4.349902	0.0006
LNXS4	-0.067254	0.159178	-0.422510	0.6786
R-squared	0.696513	Mean dependent var		-0.619353
Adjusted R-squared	0.615583	S. D. dependent var		0.156352
S. E. of regression	0.096940	Akaike info criterion		-1.617121
Sum squared resid	0.140962	Schwarz criterion		-1.368188
Log likelihood	21.17121	Hannan-Quinn criter.		-1.568527
F-statistic	8.606380	Durbin-Watson stat		0.893714
Prob (F-statistic)	0.000813			

（1）如表 4-64 所示，被解释变量选择为化石能源使用率指标。样本调整后系数 $R^2=0.768$，说明回归模型的拟合度还好，节能减排增值税、消费税、资源税和企业所得税这四个解释变量对化石能源使用率指标的变化解释力度为 76.8%，并且模型的整体性检验 $F=16.722$，$P=0.0000$ 在 1% 水平上是高度显著的，说明解释效果较好，构建的回归模型是高度成立的。

节能减排资源税 XS3 的系数是 -0.0172，P 值为 0.0083，与化石能源利用率在 1% 的水平上显著相关，节能减排企业所得税的比重每增加 1%，化石能源使用率就会降低 0.0172%，两者之间表现负相关关系。而其他税种与化石能源利用率关系不够显著。可以说，这与本书的假设资源税与化石能源使用率有显著关系是比较符合的，故假设 2 成立。

（2）如表 4-65 所示，被解释变量选择为治污投资率指标。样本调整后系数 $R^2=0.718$，说明回归模型的拟合度不太好，节能减排增值税、消费税、资源税和企业所得税这四个解释变量对治污率指标变化解释力度为 71.8%，并且模型的整体性检验 $F=13.109$，$P=0.0041$ 在 1% 水平上是高度显著的，说明解释效果较好,构建的回归模型是高度成立的。

节能减排资源税 XS3 的系数是 0.993,P 值为 0.0000,与治污投资率在 1% 的水平上显著相关,节能减排资源税比重每增加 1%,治污投资率就会增加 0.993%,两者之间关系呈正相关。而其余的税种与治污投资率关系都不显著。可以说,这也证明了本书假设的企业所得税与治污投资率之间不存在显著关系。因此,假设 3 是不成立的。

(3) 如表 4-66 所示,被解释变量选择为万元消耗率指标。样本调整后系数 $R^2=0.915$,说明回归模型的拟合度还好,节能减排增值税、消费税、资源税和企业所得税这四个解释变量对万元消耗率指标变化的解释力度为 91.5%,并且模型的整体性检验 F = 52.266,P = 0.0000 在 1% 水平上是高度显著的,说明解释效果较好,构建的回归模型是高度成立的。

节能减排资源税 XS3 的系数是 -0.817,P 值为 0.0000,与万元消耗率在 1% 的水平上显著相关,节能减排资源税的比重每增加 1%,万元消耗率就会相应降低 0.817%,两者之间关系呈负相关。而其余的税种与万元消耗率关系都不显著。可以说,这与本书的假设消费税与万元消耗率有显著关系是不符的,故假设 4 不成立。

(4) 如表 4-67 所示,本书对固体废弃物综合利用率进行回归分析,系数 $R^2=0.616$,说明回归模型的拟合度还可以,节能减排增值税、消费税、资源税和企业所得税这四个解释变量对固体废弃物综合利用率指标变化的解释力度为 61.6%,并且模型的整体性检验 F = 8.606,P = 0.0008 在 1% 水平上是高度显著的,说明解释效果较好,构建的回归模型是高度成立的。

节能减排资源税 XS3 的系数是 0.379,P 值为 0.0006,与固体废弃物综合利用率在 1% 的水平上表现显著,节能减排资源税的比重每增加 1%,固体废弃物综合利用率就会增加 0.379%,两者之间关系呈正相关。而其余的税种与固体废弃物综合利用率的表现就不那么显著。可以说,这与本书假设的增值税与固体废弃物综合利用率之间存在显著关系是不符的。因此,假设 5 是不成立的。

综上所述,通过西部地区的节能减排"四率"(XL1、XL2、XL3、XL4)分别与节能减排"四税"(XS1、XS2、XS3、XS4)之间的回归,发现这两者

第四章 不同区域现行节能减排"四税"与"四率"的政策效应实证分析

之间还是存在长期的均衡关系。变量之间的显著关系,见表4-68。

表4-68 西部地区节能减排"四率"与"四税"的回归结果汇总

	XS1	XS2	XS3	XS4
XL1	不显著	不显著	-3.039***	不显著
XL2	不显著	不显著	5.867***	不显著
XL3	不显著	不显著	-8.67***	不显著
XL4	不显著	不显著	4.35***	不显著

注:*** 为1%显著水平检验;** 为5%显著水平检验;* 为10%显著水平检验。

由表4-68可知,西部地区的节能减排"四率"与节能减排"四税"之间的回归结果,不仅证明了本书之前的假设的对错,还指出了"四率"和"四税"之间是否呈显著关系。其中,西部地区节能减排资源税(XS3)与节能减排"四率"均存在显著关系,而节能减排增值税(XS1)、消费税(XS2)和企业所得税(XS4)与节能减排"四率"的关系都不显著,因此,在西部地区,资源税的节能减排效果最为突出,其他的税种的节能减排效果则要大打折扣。

本章小结

综上所述,本书分别对东部、中部、西部的节能减排"四税"与"四率"的关系进行了实证分析,发现地区之间有差异,导致各个地区的税收政策对节能减排的效果还是有所区别的。其中,东部地区节能减排增值税对节能减排的效果最为突出;中部地区节能减排企业所得税对节能减排的效果突出;西部地区节能减排的资源税对节能减排的效果突出。正是由于三个地区的经济发展水平、产业结构差异以及税收收入分布都不相同,最终导致了三个地区的节能减排税收政策效果有所区别。

第五章　国外生态意识觉醒后OECD国家节能减排的税收政策经验借鉴与启示

第一节　国外节能减排的税收政策演进历程

"节能减排",既包括节约资源和能源的节能,也包括减少有害废物的排放和环境中其他有害物排放的减排。由于能源节约与环境保护两者紧密相连,故将节能减排一并提及。温室气体引发了全球的气候变暖,自此节能减排尤为重要。"节能减排"这个词是1973年中东战争中第一次触发石油危机开始提出的。石油危机发生在美国、日本和欧盟等石油进口国,这些国家能源危机意识的日益增强,使能源节约被提到政府的重要议程,并开始注重提高世界能源的效率。与此同时,煤炭、石油与天然气等化石能源的巨大消耗,带来环境污染尤其是温室气体过度排放引起的气候变化问题,已经严重威胁到人类的生存和发展。为此,世界各国都在不断推动全球节能减排、发展低碳经济,并做出了许多有益的尝试与贡献。许多欧美发达国家对二氧化碳减排尚未达成统一的意见,于是采用自愿协议作为国家的减排政策。到目前为止,美国有40个联邦级自愿协议,欧盟有300多个类似协议,日本有3万个地方防止污染协议。

20世纪60年代,西方发达国家开始饱受环境污染的伤害,并开始逐步反思经济发展道路的合理性,发达国家基本都经历过"先污染、后治理"的现代化发展历程，在生态灾难频发之后，逐渐意识到环境保护的重要性。第一次工业革命之后，多数工业国家的经济都开始迅速发展，但都以牺牲环境为代价，当环境污染已经开始反作用于经济增长，影响人民日常生活时，政府开始发起绿色税制革命，利用相关的税收手段促进节能减排、保护环境、走可持续发展的道路。70年代，一些由美国和英国领导的西方发达国家颁布了相关税收政策，以保护生态环境和节约减排，如污水和固体废物税。90年代以后，西方国家开始形成一个相对完善的环境保护税制，结合国情，与环境保护相结合，修改有关税收政策。目前，发达国家普遍征收环境保护和节能税，形成更为全面的绿色税收制度，成为被广泛接受的税收政策，税收设置开始多元化并以能源税为主。

20世纪80年代，OECD就开始对环境问题进行研究，并且在1991~1994年对成员国环境税收实践进行了全面调查。OECD国家已建立了一套可以促进节能环保，解决资源短缺等方面的相对完善的税制以及制度，将环境税和能源税、所得税和增值税作为辅助税种来促进节能环保的发展。经合组织国家在制定节能减排税政策方面从意识的觉醒到政策的制定主要经历了以下三个阶段：

第一阶段，从20世纪70年代到80年代初。在此期间，主要税收政策体现在"污染者负责"的原则中，其原则是污染者应承担治理污染物排放的成本，主要包括用户费和特定使用费。可以说，这只是环境税收的雏形。例如，1973年丹麦通过了《国家环境保护法》，其中载有"污染者付费"原则，所以丹麦于20世纪70年代开始实施新的能源消费税，对汽油、电力、石油和天然气等征税。

第二阶段，从20世纪80年代到90年代中期。这一时期更关注资源配置在市场中的作用，企业开始考虑环境污染造成的负外部性，这样的外部性对企业和发展环境都产生了不利的影响。该阶段，为保护环境、控制污染，各国纷纷开征了特定的环境保护税，诸如产品税、排污税、碳税、能源税及硫税。例如，20世纪80年代，德国就开始意识到征收"环境税"，并逐步提高征收环境税的强度，以这部分税收提供就业机会和降低人民的失业率。韩国已经建立了特殊税，包括机动车税、道路使用税、区域开发税等税收，以控制污染和保护环境。这些税收的功能是指导和财务。一方面，收集能源税以增加收入；另一方面，环境税、碳税征税主要用于指导公众的行为，这种税收改革在环境保护中起双重作用。

第三阶段，自20世纪90年代末至今。这一阶段经合组织国家的环境税快速发展，各国纷纷建立了各自的绿色税收体系，制定了近百种有关环境污染保护的税种，税种涉及水资源、大气、城市环境和生活环境等，能源节约及排放物减少效果也逐渐显现。例如在美国，为完成其生态环保目标，建立了一整套"绿色税收"或"生态税收"体系来调节纳税人的相应行为并由此筹集生态环保资金。美国的环境税收中包括：高耗油车税、氯氟烃税、化学原料消费税、公司所得附加税、柴油等燃料课征燃料税、汽车消费税、煤炭税、漏油责任基金税、废弃矿井再利用基金税等。欧洲的丹麦于1993年开始实行全面的"绿色税制"改革。法国于1999年实行了环境税改革，创立环境污染的一般税，这个阶段各国环境税建设的速度很快。

全球在这一浪潮的扫荡下，节约减排，利用税收政策促进节能已成为现实，且已经广泛被运用开来，成为西方发达国家普遍采用的重要手段。各国大力提倡发展清洁低碳能源技术，以税收方式减少环境污染，真正起到了促进节能减排的作用。作为一种低污染、低排放的经济发展模式，低碳经济已成为各国实现可持续发展的必由之路。

第二节　OECD国家的节能减排税收政策的相关经验

对比发展中国家，OECD国家在节能减排税收政策上要领先很多。一方面，OECD国家通过开征资源税、环境污染税、能源消费税等支持节能减排，如英国、德国、日本等国家对能源产品征收重税；美国、德国、日本、荷兰等国对飞机噪声污染实行征税，美国、英国、德国等国家还开始征收碳税。另一方面，OECD国家则采用直接减免、投资抵免和加速折旧等税收优惠政策，鼓励引导企业和社会节能减排。可以说，OECD国家的节能减排税收政策的许多宝贵经验值得学习与借鉴。

一、美国的节能减排税收政策

作为一个能源消耗大国,美国非常注重节能减排税收政策的制定与实施。一方面,美国对能源征税,并实现能源税的多样化。根据联合会税务委员会的分类(Joint Committee on Taxation),能源税分为可再生能源、储能、化石能源开采、能源开采、能源运输、煤炭和核能领域、与研发相关的能源项目等八个能源领域。另一方面,美国还对环境保护征税。美国环境税有悠久的历史。1971年,美国国会提出了一项动议,对环境中的硫排放征税。1987年,美国国会就二氧化硫和二氧化碳的排放提出了国家环境税。美国为了有效保护生态环境,促进能源和资源节约,开发了大量的节能减排税,这些税收更好地促进了资源节约和环境保护。可以说,美国的节能减排税制相对完善,税收全面,包括能源、燃料、消耗臭氧化学物质和环境污染税,包含的税种详细,覆盖面较为全面。

(一)美国的能源税

美国的能源税可分为两部分,即联邦政府税和国家税收。各州虽然是独立的,但税收制度有很高的一致性。因为美国有丰富的能源储备,所以美国对特定的能源燃料征税,但能源税率相比较欧洲总体偏低,而对能源相关项目实施税收减免。在具体的能源税政策的实施上,更倾向于制定税收优惠政策,其影响甚至超过了消费税征收。

美国的能源消费税主要课征的类型是零售能源和生产型能源。在零售消费税上,又分为染色柴油、染色煤油、特定汽车燃料、压缩天然气和商用水运燃料。其中,商用水运燃料税率高达每加仑0.201美元,通用型染色柴油和煤油税率低至每加仑0.001美元。其次,生产型能源消费税征税对象丰富,范围较广,税率偏高。据统计,生产型消费税的纳税对象共有22项,其中,燃油消费税项目比重最大。在1919年美国俄勒冈征收汽车税,到1929年所有国家都征收燃油税。美国不仅在国家层面征收燃油税,联邦政府也征收一定比例的燃油税,是联邦政府和州政府都共同征收的。虽然州和联邦政府在收集方式上有所不同,但税率是根据税法制定的,包括燃料和其他燃料、通用汽油、乙醇(酒精)、煤油、航空煤油和汽油、液化石油气以压缩天然气为主要税收对象。

现在，燃油消费税已经形成了比较完整的征收体系，在发达国家的征收较为常见，因此发达国家的燃油消费税体系是非常完备的。此外，美国还针对石油和天然气等自然资源开采而征税，目前美国绝大多数的州已经开设了该税。

不仅如此，美国颁布了《清洁能源和安全法》，并通过一系列税收激励措施鼓励企业使用清洁能源，自觉降低能源消耗。法案更加努力地鼓励企业投资清洁能源，计划183个清洁能源项目可提供高达23亿美元的税收优惠。其中，投资可再生能源和小型风力发电设备的公司有权享受三年免税和税收抵免。对开发和利用替代能源，提高能源效率给予税收优惠。10%的地热能和太阳能利用设备投资将可以扣税。使用清洁能源（如酒精、柴油和其他燃料）的车辆每加仑可享受10%的折扣。可再生能源行业的公司有权获得少于50亿美元的补贴，以及10%~40%的可再生能源相关企业和个人的退税。可见其中涉及激励企业在清洁能源方面发展的税收政策是较多的。

美国于2005年在《能源政策法》中规定：未来10年内，为鼓励能源企业采用节能措施和清洁能源，将向美国能源企业提供146亿美元的减税额度。新型污染控制技术和生产污染替代品企业享受优惠所得税减免；购买回收设备免征销售税；净化水设施建设奖金不包括在应纳税所得额内；太阳能、风力和地热发电可以享受25%的投资抵免。在加速折旧上，对防治污染的专项环保设备可以在5年内计提完折旧。

(二) 美国的环境税

除了能源税之外，美国作为唯一在其法典中提出"环境税"的国家，有一个相对完整的环境税制度，制定了某些税收激励措施，包括货物税、汽油税、碳税、固体废物税和环境污染税等。

第一，货物税。美国的货物税主要用来引导人们消费方式的转变，调节经济行为，通过对会造成较大污染的物品，如石油、化学品和进口的某些特殊物质进行征税，以达到保护环境的目的。例如，为减少氟利昂排放，美国从20世纪90年代开始对破坏臭氧层的化学品根据数量征税。所涉税种包括臭氧消耗化学品生产税、臭氧消耗化学品储存税、危险生产税的臭氧消耗化学品的进口和使用、危险化学品的使用和运输税以及进口化学品的进口税等。

第二，汽油税。引进汽油税的初衷不是环保，而是通过征收汽油税来促进使用节能环保车辆，车辆排放量明显减少，空气质量得到提高。经过长期实践，美国通过征收汽油税，限制了汽车尾气的大量排放，环境污染状况基本得到改善，环境质量明显改良。尽管车辆使用量显著增加，但二氧化碳排放量与20世纪70年代相比减少了99%，一氧化碳减少了97%，二氧化碳减少了42%，悬浮粒子减少了70%。这表明环境污染可以逆转，空气质量显著改善，是有较为显著的效果的。

第三，碳税。2006年11月，美国碳税于2006年11月首次在科罗拉多开始征收，付款主要是对商业和居民的电力使用进行支付。其激励措施包括为居民和企业使用风能，免征碳税以鼓励使用清洁能源。而为了进一步提高能源效率，美国将几乎所有的碳税收入用于替代燃料的研究和开发。

第四，固体废弃物税。美国固体废弃物税与其他国家不同，是反映容器押金的一种方式，这种方法不仅可以减少环境污染，还可以促进废物的回收利用。也就是说，当消费者支付容器时，可以在容器退回时退还押金，如果容器没有退回，押金相当于固体废弃物税。根据OECD在2000年发布的《环境与税收》报告，美国消耗臭氧层物质大大降低了氟利昂在塑料制品中的含量和在家用电器中的使用。此外，主要在美国新泽西州和宾夕法尼亚州征收垃圾填埋场和焚烧税。州政府要求企业对他们的垃圾填埋和焚烧进行征税，机制是由于垃圾填埋浪费要付出更高的成本，这种税收将使企业减少这种行为。税收主要用于将废物直接倾倒到倾销场所，而不是公司、企业或居民。征收垃圾填埋和焚烧企业税，毫无疑问增加了其处理废物的成本，从而促进了废物处理方法的升级，为节约成本，企业可以选择减少或回收，从而直接减少了环境污染。这个政策的实施使固体废弃物的再利用率显著提高。美国以每吨5美元到25美元的价格对全国征税。

第五，环境污染税。环境污染税是根据1986年国会通过的超级基金修正案征收的，这些修正案与企业的营业收入密切相关，对超过200万美元的部分征收0.12%的税率。美国从1942年到1953年建立超级基金系统，美国Vecka化学塑料公司造成了"Ruff运河事件"。该公司在Ruff运河倾倒、填埋大量化学废物造成周边地区严重的环境污染，土地和饮用水污染严重威胁了周边居民的健康和环境安全。在这方面，1980年《美国环境反应，赔偿和责任综合法》

在美国国会通过，该法规定为受污染场地的管理和恢复建立"超级"，并对超重污染源征税募集资金。环境污染的重要来源之一是石油消费，因此石油消费税的征收也成为溢油信托基金融资的责任，其主要功能是清理漏油事件。美国税率从每桶 0.08 美元到目前的每桶 0.32 美元，在美国参议院和众议院批准后，该税率将一直有效，直到 2020 年。这一调整是由于 2010 年英国石油钻井平台爆炸造成了严重漏油。税率调整在一定程度上增加了企业的税负，但与生态灾害和社会损失造成的漏油相比，这一税负值得。环境污染税的设立和税率的调整与环境的恶化或突发事件有关，是具有现实意义的。

21 世纪，美国政府每年花费大量的金融投资，鼓励企业节约能源，推动"能源之星"活动，内容包括所得税减免、银行低息贷款、专项设备的加速折旧、销售税减免等。美国政府大力推广固体废物储存设施、危险品处置设施、城市污水处理厂等公共项目，是有利于节能减排的公共投资项目，免征企业收入税。与此同时，一些州政府也对建议的税收进行激励。康奈尔的低息贷款针对的是能够处理可再生资源的公司，并可以免征企业所得税、设备购置税和企业财产转让税。亚利桑那提供企业奖励，以购买可再生资源和设备，通过征收 20% 的企业所得税和企业销售税减少污染。这种税收政策在实践中被证明是有效的，无论对企业而言，还是对环境而言都是有积极作用的。不仅促进企业改善使用可再生资源，也可以有效缓解企业在节能减排中遇到的运营成本过高和缺乏运行资金等问题。

此外，美国政府运用税收的指导作用来规范消费方向，促进环保产品消费。截至 2016 年 12 月 31 日，购买可再生能源相关设备的税收抵免为 20%~30%。特别是购买设备和安装以下产品：太阳能热水器和地热设备，如家用电器、购买设备，年度税收扣除额为环保设备投资额的 30%，在五年内提供。另外，结合当地条件制定了相关的税收优惠政策，如加州的减税洗衣机、洗碗机等环保设备，金额为 50~200 美元。美国的税收优惠政策引导人们增加对低碳产品的消费，购买高油耗车辆需要支付特别税 1000~7700 美元，而购买节能车可以补贴和豁免燃料税务优惠。这些税收优惠或税收减免政策，可以对人们的行为加以修正，引导人们的消费方向。

二、德国的节能减排税收政策

一直以来,德国政府就非常重视环境保护。20世纪70年代,德国出台了一系列环境保护方面的政策。其主要内容体现在征收德国的能源税和生态税的同时,提供了多种税收优惠。

(一)德国的能源税

德国早在1879年就对进口石油开征石油税,可以说,德国能源税由来已久,并历经多次变革,形成了《能源税法》。该税法是对先前的《矿物油税法》的替代,主要征税对象是石油和煤炭等。2006年颁布的《能源法》和《能源税实施细则》是现行能源征收的依据。德国《基本法》第106条规定,能源税专属于联邦政府,征税机关为海关。根据联邦统计局发布的《2008年德国统计年鉴》数据显示,能源税是独家联邦税的重要税之一。在过去五年中,能源税的比例已超过联邦独家税收收入的45%,尽管这一比例逐年下降。因此,从数据的分析可以看出,虽然占比有所下滑,但是能源税的总量对德国的意义非常重要。

德国能源税应缴纳固定税额。测量单位应根据汽油、柴油、轻燃料油、重燃料油、液化石油气、天然气、煤或生态柴油的加热燃料的类型和固定税额确定。从1997年到2000年,德国燃油效率低的车辆从690万辆增加到300万辆,我们可以看到德国根据车辆燃油消耗量征收税收的政策是非常有效的,对省油车辆降低税率,对低燃料效率车辆征收更高的税率。根据不同的燃料效率制定不同的税率显然是较为有效的政策。

不仅如此,德国还对能源税制定了税收优惠或税收减免政策。税收激励措施包括为能源税制造商提供优惠,以及对不影响国际竞争力的企业给予救济。例如,能源产品在用于除电力或加热燃料以外的目的时不需要征税,并且用做原材料时或当这些产品被用于电解和冶金过程中时不需要征税。对于不需要征税的能源产品的生产者也是如此,以便产生或保持在商业场所的运营中作为电力或加热燃料消耗的能量。不仅如此,为了保护行业的国际竞争力,一些行业和产品不需要征收能源税,需要平衡税收收入和企业竞争力。例如,德国航运公司和航空运输公司在自己的船舶上修理或运行免税能源产品;为了减轻农林业的负担,提高农副产品的国际竞争力,德国农林业只对柴油征收每平方公升214.80 欧元的平税,但每个纳税人只能享有这一税收优惠每年不超过 10000升的消费量,每个纳税人同时有权扣除 350 欧元,应税金额可以在 350 欧元后扣除;为了提高生产企业的国际竞争力,根据德国《能源税法》,生产企业在能源税上应支付超过 205 欧元,剩余天然气和天然气能源税为目前适用税率的40%,燃油只是现行适用税收的 27%,确定税额也可以扣除 205 欧元,作为纳税人的自我保留。这些税收优惠政策涉及面广且具有相当的激励效应。

(二) 德国的环境税

德国的环境税主要体现在生态税、垃圾税、废水税和航空税等方面。具体分析如下:

第一,生态税。1999 年,德国进行生态税改革,即以"燃油税"附加的方式收集"生态税"。此税是对环境有害的产品和不可再生资源使用征收的附加税。德国的生态税旨在保护环境,主要以能源消费为征税对象。1999 年 4月,德国开始对石油、天然气和电力征收生态税。大部分生态税收入通过养老金的方式重新分配给了家庭和企业。这不仅有利于增加员工的收入,还有利于减少企业的用工成本。有调查表明,如果没有生态税,德国养老金缴款率至少增加 1.7 个百分点,增加了企业和员工的负担。因此,生态税在优化能源结构的同时也不会削弱本国企业的竞争力。同时,生态税改革鼓励清洁能源的使用,如使用太阳能、风能、水能、废物、生物能源和其他可再生能源,免除生态税。为了减少运输中的二氧化碳排放,德国政府计划修订汽车税,以促进碳减排目标。提供关于新车标志能效的信息,二氧化碳排放到标签范围内。为了能让企业使用清洁能源,德国采取了一系列生态税激励措施,对于使用天然气或生态燃料的车辆给予税收优惠;制造业和农林业使用电力、天然气和取暖油给予 40%的折扣。这些鼓励清洁能源激励,但也考虑到企业在各个部门的竞争力不受影响。生态税中的激励措施在保障企业竞争力方面所做的考虑是较为全面的。

第二,垃圾税。德国通过垃圾税改善人们的扔垃圾行为。为此,德国相继实施了《废弃物处理法》和《循环经济法》,这都有利于对废弃物的回收再利用,以期可以回收使用。垃圾税的征收方式是根据收费方式和来源分为居民垃圾和厂商垃圾。垃圾可以按照废物排放量征收，也可以按照家庭成员人数收取。目前，德国大部分地区是按照家庭成员的数量征收垃圾税，确实也通过该税的征收改变了人们的垃圾行为。

第三，废水税。德国1981年颁布了《废水纳税法》，逐步建立了最典型、最全面的水污染税制框架，这在世界上来说都是最为前沿的理念。《废水纳税法》于1998年进行改革，并得以完善。德国不仅对废水征收水污染税，而且还设定了统一的征收标准和税率。对被排放到地表或地下的污水征税，不包括作为税务对象的污水处理厂的污水排放。税率是通过计算废水中的有毒金属含量或毒性，当数值达到100%时，即企业废水排放量低于规定标准；排放量的最低排放标准为25%。可见，德国的水污染税以环境保护为目的，有效限制了生产企业的工业污水排放，直接起到了减排的作用。

第四，航空税。2011年德国开始征收航空税。航空税是对航空业二氧化碳排放造成的空气污染征税，以补偿环境损害。德国的航空税根据目的地长度、目的地距离的不同，税率也不同。航空税的征收是对环境损害的直接补偿，德国也是较早开征航空税的。

此外，德国制定了一系列鼓励企业节能减排的税收优惠政策，如允许企业加速折旧，研发费用、销售税减免。企业购买环保设备的，允许给予不同折旧的比例。具体标准是允许累积额为年成本的60%。如果年成本超过10%，环保设备对企业研发环境项目和技术成本的固定资产税优惠享受三年豁免，允许将其全部计入生产成本以计算年度应纳税所得额；销售生产企业用于防治污染产品，只有所得税、销售税免税。

三、日本的节能减排税收政策

日本国土面积狭小，资源匮乏，石油、天然气等资源储量更是少之又少，几乎没有。据调查，日本99.7%的石油、97.7%的煤炭和96.7%的天然气都是依靠进口获得的。因此，日本政府非常重视节约资源，同时极力开发新能源，且为了促使企业积极主动地节能减排，政府通过财政支出和税收政策手段来进行支持。主要体现在如下方面：

第五章 国外生态意识觉醒后 OECD 国家节能减排的税收政策经验借鉴与启示

(一) 日本的能源税

日本的能源税主要对以原油为主的相关产品征税，主要包括：第一，针对原油和石油产品以及上游石化工业征收的石油和煤炭税；第二，征收化石燃料工业的交通燃油税；第三，电力工业的税收促进电力设备的发展。其能源税具体税种包含：汽油税、地方道路税、石油液化气税、煤油、重柴油和轻柴油税、航空燃油税、电源开发促进税等。1979 年《节约能源法案》制定，并于 1998 年和 2002 年多次修改。该法案对各领域的能源消耗标准进行了严格规定。

同样，日本政府已经制定了一些优惠购买政策，鼓励其公民在购买汽车时选择环境保护类型。具体措施包括：对以下条件免征车辆购置税、购买节能汽车、电动汽车、混合动力汽车等低污染低能耗汽车，并延长这部分车辆的减税期。在汽车消费方面，大排量汽车的购置税是小排量汽车购置税的 20 倍。小型车的购置税也只有大型车的一半。汽车重量税对 2.5~3.5 吨重量的低燃料消耗，低排放汽车将给予 50%~75% 的税收激励，相应的车辆购置税将有不同程度的缓解。购买电动汽车、天然气汽车和燃料电池汽车的燃料供应设备超过 300 万日元的公司和个人，固定资产税有资格获得 1/3 的标准税的税收抵免。为了加速逐步淘汰车辆，税收政策也被倾斜。使用寿命长的车辆，如注册超过 11 年的柴油车辆，以及注册超过 13 年的汽油和石化产品，其税率将提高 10%。

对于能源设备更新税减让，日本政府也有相应的减免和加速贬值政策，主要用于高效电热源、太阳能发电设备和节能管理系统等高效新能源设备，减免 7% 的税款或 30% 的设备折旧率，加速设备贬值。日本能源改革税制从 2009 年延期至 2012 年。日本在 1998 年开展税改，鼓励开发利用新能源，制定了一系列相应的政策，第一年对企业给予 30% 税收减免，对于企业购买的新能源设备允许使用加速折旧，对于使用新能源电力的消费者避免或缓和环境与能源相关税费的环节，日本税和地方税将给予 7% 的相关设备税费扣除。

(二) 日本的环境税

相较于西方发达国家，日本的环境税从 1990 年才开始征收，起步较晚。日本环境税主要是对能源征税和对排放污染物收费。日本环境税包括两大方面：第一，燃料、汽车和废物的税收；第二，与污染设备和废物相关的税收激励。其中，燃料包括无铅汽油、柴油、煤气、天然气、原油、进口石油、飞机燃料。汽车包括汽车、卡车和巴士以及汽车交易税。污染治理设备包括噪声、污水处理、烟灰处理、粉尘处理、氮化物控制和脱臭等。同时，对一些治污和废弃物处理的设备给予优惠。只要满足一定条件，引进污染减排设备的企业就会加速设备的贬值，减少固定资产投资税和企业所得税。除普通退税外，公司采用塑料制品再生加工设备，价格特价退税。除了实施废纸脱墨处理装置的专门退税，处理玻璃碎片的夹杂物清除装置，铝回收利用制造设备和空瓶清洁处理单位外，还提供年度固定资产税退税。污染防治设施可以免征固定资产税，根据不同的设施、不同的处理单位，实施不同的具体处理措施，税收减免税是原来的税。对于所有类型的环境保护设施，根据额外的特殊折旧率，提高设备的折旧率，按原折旧率计算。随着环境的变化和新的环境危机，日本政府还引入了一种新的环境税来处理，如二氧化硫税、噪声税、垃圾税。

日本在2004年提出了碳税计划，并于2005年通过不断研究和修订最终敲定，并于2007年1月1日起实施。与欧美相比，日本的碳税相对较晚。日本的碳税是固定税，税率是2400日元/吨二氧化碳。而在碳税的初步实施中，日本政府制定优惠政策进行过渡，保证顺利实施。具体措施是：第一，对煤油减少50%；第二，对于钢铁工业等社会价值特殊用煤、焦炭给予免税优惠；第三，对于积极完成低排放指标的高排放用户给予40%~50%的减免。实施碳税后，日本预计将减少国内约4300万吨二氧化碳排放量，相当于1990年，日本没有实行约碳税排放时的约3.6%，而日本国内碳税年增长率只下降0.01%。可以看出，碳税的实施和之前预想的并不一样，并未成为日本经济发展的阻力，反而促进其产业升级，引导人们的消费方向，增强民众的低碳意识，带动技术创新。2012年，日本决定将二氧化碳纳入环境税体系。二氧化碳税只是在能源税基础上征税的一种附加税，碳税的改革不仅要将其加入环境税，且对石油、煤炭和天然气等能源税也做了相应改革。

四、英国的节能减排税收政策

英国的环境税主要包括污染税、垃圾填埋税和其他税，具体种类较为繁多。

（一）大气污染税

大气污染税包括气候变化税、旅客税和机动车税。21世纪初，为减少能

第五章 国外生态意识觉醒后OECD国家节能减排的税收政策经验借鉴与启示

源消耗和环境污染,同时鼓励企业使用清洁能源,英国开始征收气候变化税。气候变化税实际上是一种能源使用税,交税者包括所有企业、公共部门、慈善组织和国内消费者,这些消费者免除了来自煤炭、燃料、天然气和电力能源的气候变化税消费,对不同能源的能量收集标准也不同,其中二氧化碳7欧元/吨,天然气13欧元/吨,二氧化碳14欧元/吨。为了鼓励企业或个人使用清洁能源,气候变化税还提供了一系列税收激励措施。对于按规定限期完成排污的企业和个人,2010年减到80%,2011年减到65%。

除了气候变化税,英国还提出了旅客税和机动车税。其中,英国从1994年开始征收旅客税。为弥补飞机在运输旅客过程中对环境造成的污染,由航空公司和各票务代售点对旅客征税。按照飞行距离,旅客税分为A、B、C三个组别。此外,2008年,英国政府还征收机动车税。该税主要用于汽车的二氧化碳排放,根据汽车二氧化碳排放量确定税率水平。

(二)垃圾填埋税

1996年,英国政府开始对居民征收垃圾填埋税。垃圾填埋税是对垃圾填埋场或垃圾填埋场征收的。垃圾填埋税分为一般垃圾、惰性垃圾和免税垃圾三类。一般指在日常生活中对居民的环境污染较为严重,不能通过废物处理回收利用的垃圾。在开始收集7磅/吨废物,然后逐年增加,2004年前增加1磅/吨;2005年后,每年增加3磅。惰性垃圾是指可以分解但不能回收的垃圾,也称为低速垃圾。税率低于平均垃圾,为2.5磅/吨。免税垃圾是一种可直接循环利用的垃圾,通常被称为"错放资源",基本上没有环境污染。垃圾填埋税也是对环境污染的直接经济补偿。

此外,在英国,消费者购车必须缴纳17.5%的增值税。在使用期间,消费者还需要缴纳170英镑公共税费,每年还要缴纳一次46英镑的年检费用。英国政府还通过征收燃油税有效地提高了燃油效率,1993~1998年平均车辆燃料效率提高了近13%。英国政府还规定了对豁免收入的风力发电项目的个人投资税。而企业在生产经营过程中所使用的清洁能源,可再生能源和生物能源可以享受税收优惠政策。在英国可以看到,对清洁能源和生物能源的使用都有相应的激励政策。

五、法国的节能减排税收政策

1971年,法国环境保护部成立。法国环境税是基于"谁污染,谁支付"的税收措施。法国的节能减排也主要体现在能源税和环境税两方面。

(一)法国的能源税

法国的能源税包括矿物油税和车辆税。其中,矿产油税主要用于油税。具体分为柴油、汽油和燃料油。不同类型的石油,适用税率是一样的,是设定参考税率,各地区再具体适当调整。法国的车辆税,主要是对机动车辆征税,通过征税减少机动车对二氧化碳的排放。汽油和柴油的二氧化碳量不同,税率也不相同。

(二)法国的环境税

法国的环境税包括硫税和氮税、水污染税、垃圾税等。第一,硫税是二氧化硫税的简称。1985年,法国开始征收硫税,其目的是通过税收减少二氧化硫排放,减少环境污染。法国目前的二氧化硫税主要包括二氧化硫、硫化氢、盐酸等。二氧化硫定量征收,税率呈上升趋势,从1985年的每吨27.45欧元增加到2014年的每吨36.6欧元。氮税指的是氮氧化物税。1990年,法国对氮征税,应税方法与二氧化硫税相同。在1999年,每吨氮氧化物为30.5欧元,而2014年为136欧元/吨。税率体现为逐年增加的趋势。第二,水污染税,包括住户和污水处理单位的污水,根据不同的污水来源来确定不同的税率。对于人口少于400人的城市和城镇,水污染税不征收附加费。具体税额根据个人居民总日排污量、居民总人数(浮动居民0.4人)和污水块数三个指标确定。第三,废物税是浪费家庭和家庭废物排放税,其目的是减少单位和住户排放的废物和废物。废物税税收以不同的税率适用于企业和家庭。对于该单位,一吨废物被焚烧并征税4.575欧元,而对于垃圾填埋,它是免税的;家庭的税额由家庭排放的废物数量决定。

六、丹麦的节能减排税收政策

在具体的促进节能减排的税收政策方面,丹麦主要征收资源税和污染排放税两大类。

第五章　国外生态意识觉醒后OECD国家节能减排的税收政策经验借鉴与启示

第一，资源税。丹麦国家能源资源并不丰富，生态环境相对脆弱。基于此，丹麦为有效地保护现有资源和保护生态环境，对各种国内资源征收能源税。丹麦的资源税征收有利于提升资源使用效率，促进企业节能减排，并且保护了丹麦并不丰富的各种资源和能源。丹麦的资源税征税范围较广，包括几乎所有一次能源和二次能源，有助于提升资源利用效率。

第二，污染排放税。丹麦的污染减排税，课税对象包括各种固体、液体和气体污染。其一，气体排放税的征收对象包括二氧化碳、二氧化硫等。二氧化碳税主要针对各种燃料的污染排放。燃料污染排放量越大，税率越高；排放量低，税率越低。二氧化硫税有两种征收方式：一是基于以每公斤硫20丹麦克朗的税率征收的能源产品的硫含量；二是实际二氧化硫排放量/千克二氧化硫税率为10丹麦克朗。通过对有害气体征税的方式，可以引导企业减少污染排放，促使企业转变发展方向，鼓励清洁能源的使用。其二，液体能源税。丹麦早期引进燃油税，根据不同类型的汽油铅和苯含量的不同，采用不同税率，这使汽油车使用铅含量税的负担远远高于使用低铅含量或无铅的汽油车。通过燃油税收的开征，可以发现燃油的税收可以有效减少车辆尾气排放，对空气质量提升和整体环境的保护是有明显的作用的。最后，固体废弃物污染税。丹麦对导致污染或潜在污染的固体征收污染税。在引入固体废弃物污染税后，固体废弃物填埋和燃烧成本翻了一番，这能够有效地使企业考虑原始固体废弃物的处置和再利用，从而降低垃圾填埋成本。1985~1995年，丹麦固体废弃物回收的比例从35%提高到61%，填埋比例从39%降至18%。

可以说，丹麦在节能减排效果方面有抢眼表现，其税收政策可以说是可居首功。丹麦的节能减排税政策有一大特色，就是一个名为《二氧化碳协议》的补贴计划。该项协议的签署可以大大激励企业对清洁能源的使用或对排污技术的改进。协议是一个具体承诺，能源部遵守企业自愿承诺的原则，企业必须致力于协议中列出的能效措施，才可以享受低税率的好处。如果一个重工业企业自愿签署《二氧化碳协议》，那么公司只会支付4.8%的碳税比率，这个比例会明显低于没有签署协议的企业税额。

第三节 企业生产流程不同阶段的节能减排税收政策

虽然发达国家的节能减排税政策各有特色，但有一个共性就是这些节能减排税收政策都体现在企业生产运作的不同阶段。为此，通过对国外具体经验的梳理，主要将企业的原材料采购、生产加工、产品销售和废弃物处理四个阶段的节能减排税收政策总结如下：

一、原材料采购环节的节能减排税收政策的国外经验

在原材料采购环节，企业节能减排主要体现在对能源的合理利用和开发上。很多节能环保国家都设置了资源税，对石油、天然气、煤炭等能源资源进行征税，但资源税设置的方式、范围、力度、税基等方面各不相同。

美国已经建立了自然资源开采税。煤炭税的征收率为每吨煤55美分，地下采矿为每吨1.1美元。不仅如此，美国还对石油和天然气征收消费税，抑制了能源提取的速度，对推动节能起到了推动作用，是对能源开采、消费等各环节都具有指引作用的税种，对环境保护的意义重大。对石油征税，导致石油总产量减少了10%~15%，征税降低了石油开发和开采的水平，从而减少了对环境的破坏。可以说，美国矿产资源丰富，但也有能源消耗。美国的资源税制度并不统一，由各地方政府自行定制，允许地方政府根据地方条件，按照实际能源消费设定税率，指导节能。地方政府可以因地制宜，较为精准地引导当地的能源开采、消费。

丹麦的资源税体系基本上涵盖了一次能源和二次能源，包括石油、煤炭、天然气、电力等。澳大利亚议会通过了一项关于《矿业资源租赁税》的法案，该法案主要针对开采煤炭、海洋石油和天然气资源，以期抵制矿业企业对矿产资源增加的税收，这些企业有特别有利的开采条件，能产生级差地租，以应对矿产资源的日益稀缺，提高矿产资源的开发利用效率，以及可持续经济发展的需要。瑞典1990年3月开始对能源征收增值税，税率为能源价格的25%，其

中包括消费税，瑞典对工业和非工业用途的用电采取不同税率，后者低于前者的；矿产生产的电力从能源和一氧化碳税中扣除，并对核发电额外征税。

二、生产加工环节的节能减排税收政策的国外经验

在生产加工阶段，税收政策的目的主要是推动节能技术企业研究开发节能设备，采用的方式不同，但都取得了良好的效果。

美国联邦和州政府通过税收激励政策，鼓励企业使用更多的低功耗产品。具体节能减排政策包括：一是对高耗能企业减税。自2006年以来，美国政府向石油和天然气等企业提供高达150亿美元的减税，不仅鼓励其通过设备的更换来达到节能环保的目的，也鼓励其进行技术创新以更新节能环保的技术。此外，企业为了提高能源效率，在生产过程中产生的维修成本，可享受最高10%的税收减免（截止到2006年）。企业用于开发新能源的研发费用应扣除20%再计税。二是鼓励开发利用可再生资源税政策。美国1992年引进了两项优惠政策，即生产税收抵免和可再生能源生产补贴，从运营之日起为风能和闭环生物质发电企业提供10年的生产，年产量为1千瓦时的电力企业享受从那年起个人或企业所得税免税1.5美分的待遇。2003年，税收抵免额提高到每千瓦时1.8美分，并扩大到风能、生物质能、地热能、太阳能和小型灌溉项目。三是环境税收激励，主要包括直接税减免、投资税收减免、加速折旧等其他税收支出措施。

德国政府同样非常重视节能减排，在企业生产环节也设置了一定的税收优惠政策。例如，对于投资可再生能源的公司，德国联邦银行将提供低于市场价格1~2个百分点的优惠贷款；对于实施研究和开发项目的公司，研发费用包括在税前生产成本中；在企业中，直接对安装环保设施的企业免征三年环保设施固定资产税，允许企业年度环保设施折旧率超过正常设备折旧率；政府自2000年起对国内太阳能企业实行"退税"政策，力度比较大，每生产1000瓦的电力将享受50美分左右的补贴。在欧盟只有3000多家企业获得了ISO14000标准认证，其中有2000家德国公司，占比60%以上。

美、德之外，日本亦如此。自从2002年以来，日本在税收制度中支持节能减排业务的发展有四项：一是增加实验研究费用的特别扣除制度；二是与研

究相关的专项扣除制度总额；三是加强中小企业技术税基础制度；四是研发设备的特殊折旧制度，其中以增加实验研究费用的特别扣除制度最为突出。同时，该制度亦规定，新税制在2003年3月31日的试验学费将会增加15%，较过去五年中最高三年的平均增幅为高。在公司税减免中，税务抵免额不得超过应缴公司税的12%。近年来，日本企业制定了111种节能减排设备目录，实施减税。此外，2006年的税务改革规定：企业购买节能减排设备，30%的采购成本可作为特殊折旧，通过本政策企业设备购买可享受7%的减税。

三、产品销售环节的节能减排税收政策的国外经验

产品销售环节的节能减排更多体现在对汽油、柴油等资源的消耗使用带来的环境污染进行有效控制上，国外纷纷设立了汽油税。

汽油税是美国最早对商品征收的一个税种。汽油税本来不是环境税，但其实施能保护环境，特别是对空气质量有重大影响，可以引导民众对低排量、清洁能源汽车的消费导向。假设将对汽油需求的长期价格弹性估计为-0.7，这就意味着美国的汽油税减少汽车尾气的排放约为15%。此外，美国还设立了包装和材料税，包括对某些新闻产品和饮料的税收，以及对生产商、批发商和零售商的税收。

根据OECD的报告，美国通过收取汽油税来限制汽车排放，进而改变人们的消费偏好，使用燃料效率高的车辆，其中税收政策起了关键的引导作用。自从执行政策以来，美国汽车销量仍在增长，但更好的空气质量源于这一政策对大量汽车尾气排放的有效限制，对节能环保产生了很好的效果。

燃油税使英国政府有效提高了燃油的使用效率，平均燃油效率提高了近13%；德国根据燃油效率税率确定车辆分配税，如车辆燃油效率较高，则征收的税率较低；如车辆燃油效率低，则采用高税率。自此，低效燃料车辆从690万辆减少到300万辆，燃料使用效率在该税收政策的引导下大大提高。

四、废弃物处理环节的节能减排税收政策的国外经验

企业生产运作流程的最后一个环节就是废弃物处理阶段。国外也越来越重视该阶段的节能减排的税收政策。废弃物处理主要包括废气、废水以及垃圾处

第五章 国外生态意识觉醒后 OECD 国家节能减排的税收政策经验借鉴与启示

理等。

第一,废气方面,通过对气体污染物的排放征税,使企业减少工业废气的排放,从而达到节能减排这一目的。例如,自 20 世纪 90 年代初以来,瑞典就一直使用 10 兆瓦以上的火力发电。1992 年,氮氧化物排放量达 30%~40%,一些公司为了减少氮氧化物排放,使用生物燃料替代原有的化石燃料,公司可以控制环境污染,同时节省资源。英国也特别建议征收税收气候变化税来刺激企业,与政府签订合同的公司如能实现排放标准,则可以最多减免 80% 的气候变化税。

第二,废水方面,国外设置水污染税。污水和工业废水排放水污染通过检测废水,根据不同税率的污染水平固定收集。从 1981 年开始,德国开始实施水污染税,以污水污染单位的某些方式作为基准,实施全国统一税率,且年税率不断提高。德国还规定,如果企业排放的污水不能达到规定的标准,则必须按照 100% 的税率征收;如果达到最低排放标准,则根据 25% 的税率征收。水污染税有效限制了生产企业的工业废水排放,而水污染税收则用于提高区域水质。1969 年,荷兰水污染税建立。荷兰水污染税是直接或间接地对向地表水处理和排放废物、污染物和有毒物质的企业和个人征税,它是基于排放 ODS 和重金属的数量征收的。税率根据水处理面积和净化水的处理成本而变化。荷兰征收水污染税的 20 年来,水污染物排放大大减少了,集中处理水质大大增加了净化厂的数量。根据调查,43% 的制造商表示,他们采取措施防止水污染被认为是水污染税的主要作用。通过对水污染征税,水污染物排放大大减少,水质较之前也有明显改善。

第三,在固体废弃物方面,国外也开始征收固体废弃物税。固体废弃物征税有利于促进企业提高对废弃物的回收利用。例如,丹麦对会造成污染或者有潜在污染隐患的固体征收污染排放税。丹麦在引入固体废弃物税后,固体废弃物填埋和燃烧成本比以前增加了近一倍,这有效地促使企业考虑使用固体废弃物处理来降低垃圾填埋成本。1985~1995 年,丹麦的回收率从 35% 提高到 61%,而填埋场从 39% 减少到 18%。从 1996 年开始,丹麦也开始征收镍锡电池税,镍锡电池含有危险的重金属锅,金属进入蔬菜等食品后,会影响人体健康,这是锡污染的主要危害。对生产和进口镍锡电池征税,税率为每节电池 6

丹麦克朗。该税制包含了根据回收程度设计的退税机制，有效鼓励了电池回收。另外，芬兰对用于饮料包装的玻璃或金属容器征收的固体废弃物税是饮料价格和啤酒玻璃固体废物税的 10%~15%，相当于啤酒价格的 5%，回收市场份额提高到 90%。

在固体废弃物方面，不得不提及的是垃圾。为此，丹麦从 1987 年开始征收垃圾税。当时的税率只有每吨 40 丹麦克朗。近年来，税率显著增加，几乎达到了原税率的 10 倍。为此，相对较高的税率和不同的税率结构的税收，大大支持了丹麦的废物优先处理。由于垃圾填埋场不能有效地用于废物，并可能导致空气、土壤和地下水污染，因此只能作为最终选择，因为在丹麦禁止焚烧。在税负上，最重的是垃圾填埋，垃圾焚烧税较轻。例如，1998 年，垃圾填埋废物的税率为每吨 DKK 375，发电量为每吨 DK 280，焚烧为每吨 DKK 330，再利用率为零。为确保危险废物得到妥善处置，焚烧危险废物免税。实践证明，在丹麦建立税收是一种成功和有效的税收。据统计，1987~1997 年，丹麦自执行垃圾税以来，不仅垃圾量减少了 26%，垃圾回收的比例也大大提高了。

第四节 国外促进节能减排税收政策的经验对我国的启示

根据上述章节对一些发达国家节能减排税收政策的总结，可以看出，有多种类型的税收、入境细节和当地条件，符合国家的具体社会经济环境和发展的需要。根据国外促进节能减排税收的政策经验，国外促进企业节能减排方面的税收政策实施已经有一定的时间，且获得了一定的成效，可以提供很多适宜我国改进节能减排税收政策的启示与借鉴。为推进我国企业的节能减排，可以借鉴各国的税收经验，但是，鉴于我国国情、具体政策和环境现状，不能直接移植使用，应结合现实，研究制定适合我国节能减排的绿色税收道路，促进节能减排的步伐，具体启示如下：

第五章 国外生态意识觉醒后OECD国家节能减排的税收政策经验借鉴与启示

第一,致力于节能减排税收体系建设。近年来,国外发达国家对国家发展战略的环境保护税收政策研究也越来越注重国家资源保护和环境保护,致力于国家可持续发展的节能减排税制度,更加注重税收政策的长期和协调。1994年,丹麦通过增加能源和税率,通过引入水税、氯化溶剂税、增长促进税和农药税等新税收,引入了一项全面的绿色税收改革。这是一个开始建立能源税制度的机会,使其他税收与绿色税收制度相适应。发达国家节能减排的环境税主要包括以下四种税收:能源税、汽车税、污染和资源税、直接税。具体来说主要有:环境污染税、生态破坏税、鼓励研究开发环保技术引进和使用税、鼓励环保投资、鼓励环保产品利用的税收,促进环保产业发展鼓励环保行为的税和对污染产品和不利于环境保护的行为征收重税的税等方面。

第二,采用激励和奖惩相结合的节能减排税收政策。一般来说,节能减排税收政策措施侧重于两个方面:一是降低节能减排投资成本,包括折旧政策、减税和再投资税收政策;二是能源使用成本促进节能减排,包括资源和环境税,对于节能减排税政策,我们可以结合使用激励和惩罚措施。一方面,通过提供各种税收激励措施,鼓励企业使用清洁的替代能源,节约能源消耗,鼓励企业自觉控制污染。另一方面,使用惩罚性税收政策,如引入部分环境税或提高税率,增加企业的税费,可以使纳税人注意能源使用问题,减少环境污染排放。因此,对于节能减排税收政策,我们可以采用激励性和惩罚性相结合的方式。一方面,使用鼓励的手段,如各种税收优惠、减免措施,促进企业应用清洁能源和节约能源,也可以激励企业自觉治污。另一方面,对企业采用惩罚性税收政策,如开征部分环境税,或者提高税率比重,增加企业的纳税成本,迫使纳税企业重视能源利用和减少环境污染排放。

第三,合理确定节能减排税收政策的征收水平。发达国家制定的税收政策可以顺利实施,与税收政策的可行性有关,税收中性原则意味着政府在征收新税率或增加一定税率的同时,以其他方式补偿相关纳税人,或者通过减少税收税和其他方式平衡纳税人的整体税负。保持税收中性原则,在税改过程中,可以在新的节能减排政策实施的同时,减少其他税收与劳动资本,通过补贴等方式减少传统税收制度对资本流动的负面影响,以实现双重股利。瑞典、挪威等国征收碳税,减免部分社会保险税,以达到节能减排的目的。

第四,充分发挥税收优惠和差别税率的调节作用。为了更好地引导企业行为,我们必须充分利用市场和价格信号,各国在节能减排税收政策中使用税收激励和税收政策差异措施引导企业使用节能减排的措施。例如荷兰,根据垃圾税的污染等级征收不同水平的税收。

第五,节能减排税收政策手段与其他政策手段的相互配合。事实证明,促进节能减排的税收政策可以发挥很大作用,但是,仅仅依靠税收政策来促进节能减排显然是不够的,税收政策也有一定的局限性,还需要其他配套措施的引入,政府与人民的共同努力才能更加有效地推进节能减排工作。例如,面对不利的税收情况,可以考虑以收费或排放许可证的手段来实现限制排放的目的,使各种政策工具相辅相成,弥补税收不足。

本章小结

西方发达国家较早就对节能减排的税收政策进行了研究,不仅形成了较为完整的节能减排税收政策,而且覆盖了工业企业采购、加工、销售以及废弃物处理的各个流程并取得了一定的成果。总结国外相关节能减排税收政策的宝贵经验,将给我国节能减排税收政策带来很大的启示,这必将有助于改进和完善我国现有的节能减排税收政策。

第六章　生态文明建设架构下优化我国节能减排税收政策建议

第一节　生态文明视角下节能减排税收政策目标定位

随着全球气候变暖和环境恶化以及资源枯竭等一系列问题的出现，节能减排工作不得不提上日程。资源环境问题已成为 21 世纪全球面临的最严重的挑战之一。煤炭、石油和天然气资源的消耗不仅会造成资源匮乏的局面，也会带来环境污染问题，如大气污染和气候变暖等问题。一直以来，我国的经济发展以资源大量消耗为代价，因而造成我国二氧化碳排放和能源消费位居世界前列。如何在维持经济增长的同时减少资源消耗，对环境的负面影响最小化，已经成为人类社会发展的重大问题。

要实现经济的可持续发展，就必然要探寻新的经济发展模式。在生态文明发展背景之下，发展低碳经济这种全新的经济发展模式是当下节能减排的必然选择。低碳经济最早于 2003 年由英国提出，随后得到世界范围内的广泛认同，低碳经济提倡发展清洁能源技术，兼顾能源结构合理化、产业结构合理化，是一种低污染、低排放的经济模式。低碳经济的基本特征是低能耗、低排放、低污染，基本要求是为了应对碳基能源对气候变暖的影响，最终目的是实现经济社会的可持续发展。

中国作为世界最大的发展中国家，既面临着经济发展的压力，又要应对环境污染的影响,而低碳经济的理念强调兼顾经济发展与环境保护,因此发展低碳经济有利于我国实现可持续发展的经济模式。1998年以来,我国颁布了多部环境保护相关的法律,为应对全球气候变暖采取了一系列举措。2007年,我国公布的"十一五"规划首次提出了"单位国内生产总值能源消耗下降20%",这种量化的约束性指标将会更加行之有效,绝非纸上谈兵。2009年,在哥本哈根会议上,中国承诺2020年的单位GDP二氧化碳强度比2005年减少40%~50%。另外,我国的"十二五"规划和"十三五"规划两度强调绿色发展理念。以上举措表明,我国已经将发展低碳经济上升到了国家战略层面,并制定了相关法律法规,采取了一系列行之有效的措施,我国正为达到经济社会可持续发展的目标不懈奋斗着。

然而,随着我国经济的快速增长,在2007年我国二氧化碳排放量已经超过美国成为第一大温室气体排放国。为了尽快改变这种状况,转变经济发展模式,减少温室气体排放,发展低碳经济已经迫在眉睫,因而我国迫切需要行之有效的新型环境经济政策。2011年9月7日,国务院发布的《"十二五"节能减排综合性工作方案》提出,应"积极推进环境税费改革,选择防治任务重、技术标准成熟的税目开征环境保护税,逐步扩大征收范围"。

低碳经济已成为未来发展的不二选择。税收政策成了节能减排的有效手段。基于此,节能减排税收政策的目标定位主要是走低碳经济和可持续发展的生态文明之路。利用税收政策引导低碳经济发展,进而实现经济的可持续发展。

第二节 完善我国节能减排税收政策的建议

根据上述有关节能减排的"四税"(增值税、消费税、资源税和企业所得税)与节能减排的"四率"(化石能源使用率、治污投资率、万元能耗率和固体废弃物综合利用率)之间的实证分析可以发现,我国的增值税、企业所得税与节能减排的"四率"都分别存在不同程度的显著关系。而资源税仅与固

第六章 生态文明建设架构下优化我国节能减排税收政策建议

体废弃物综合利用率和治污投资率存在显著关系，消费税与化石能源使用率存在显著关系。不仅如此，由于不同地区的发展水平不一，各地区所采取的节能减排税收政策也不尽相同。正如前面的实证分析，在不同地区，税收的节能减排效果不尽相同。东部地区，增值税节能减排效果最为突出，企业所得税其次，资源税随后，最后才是消费税。中部地区，企业所得税的节能减排效果最为突出，其次就是增值税，资源税和消费税表现较差。西部地区，节能减排资源税与节能减排"四率"都存在显著关系，而节能减排增值税、消费税和企业所得税与节能减排"四率"关系都不显著。这一结论与东部、中部、西部地区的产业结构与经济发展水平密切相关。总的来说，四种税收都有利于企业节能减排，只是因为经济发展水平和产业结构不同，效果不尽相同。这些结论，不仅验证了之前的假设，同时也为提出政策建议提供了依据。

一般而言，企业生产运作过程可分为原材料采购、生产加工、产品销售和废弃物处理四个阶段。根据流程的不同环节，在维持总体税负的前提下，必须要进一步完善当前促进我国节能减排的税收政策，建立促进节能减排税种与其他相关税种相结合的税收体系，促使节能减排进一步推进。

一、全面改革资源税（原材料采购）

在原材料采购阶段，国家要切实加强对资源的保护，切忌过度开采和浪费，提高资源的利用率，降低化石能源使用率；提高资源的产品价格，促进企业落实各种节能减排措施。为此，首先，要全面改革企业的资源税，扩大资源税的征收范围。其次，提高资源税的税率水平，根据资源的污染程度和稀缺性，对资源税采用差别化的税率调高。最后，建立资源税收入随资源收益的浮动而浮动的机制，充分发挥资源税的调节作用。

（一）扩大资源税的征收对象范围

在资源税的征税"广度"上，应扩大资源税的征收对象范围。我国资源税在整体税收体系中所占的比重较低，征税范围主要分为矿产品和盐两大类，具体分为原油、天然气、盐、黑色金属矿原矿、有色金属矿原矿、煤炭、其他非金属矿原矿七个税目，由此可以看出我国资源税设置范围比较窄，调控作用有限。

资源税在环境保护和资源利用上存在一定的调控作用,为把这种作用最大化,有必要扩大资源税的征税范围,真正做到对资源的普遍征税。由此可以将所有不可再生资源以及再生周期长、具有生态价值的可再生资源纳入资源税的征税范围内。首先,把耕地资源、滩涂资源和地热资源等这类不可再生资源纳入征税范围;其次,把河流、湖泊、地下水和水库等较为稀缺的可再生资源纳入征税范围,以改善水资源短缺与巨大浪费之间的矛盾;最后,将森林、草原和海洋资源等具有生态价值的资源纳入征税范围,起到保护森林和海洋资源的作用,更好地发挥森林、草原、海洋对调节气候以及吸收二氧化碳的作用,从而进一步加大资源税对生态环境保护的力度。

(二) 提高对资源税的税率水平

在资源开发利用和保护方面,不仅要将森林资源、水资源、土地等资源纳入资源税的征收范围,而且还有必要采用高税率,限制掠夺式开采,以达到保护环境的目的。可以说,在资源税的征税"深度"方面,要提高资源税的税率水平,有效地增加资源税的征税税额。在提高资源税总体税务水平的基础上,可以考虑设置不同的资源税率档次,加强对资源的级差收入调节。

根据资源的稀缺性和其开采使用过程对环境的污染程度,可以设定不同幅度的调高税率。对于原油、煤炭和天然气这类稀缺并且在生产使用过程中对环境产生一定污染的资源,可以较大幅度地调高其税率,以限制其大规模地开采使用对环境造成污染;而对于其他非金属矿原矿、黑色金属矿原矿、有色金属矿原矿等虽然也较为稀缺并产生"三废"等附属品,但可以循环使用资源,适当提高税率即可;同样对于盐这类资源,也要因其用途有所区分。盐可分为工业用盐和食用盐,对于食用盐其税率可适当降低,而对于工业用盐税率可以提高。

同样,新增应纳资源税品也应根据其污染状况以及是否可再生,设定不同税率水平以更好地达到调节目的。例如,对森林、草场、滩涂等稀缺并对环境有益的自然资源适用高税率,以减少开采,保护环境;对于利用稀缺资源生产高档消费品的也应征收高税率,典型的例子就是将名贵木材加工生产高档实木家具等;相反,对风能、太阳能和地热等新型绿色能源和可再生资源可以设置低税率甚至不征税,以大力提倡绿色能源的使用。

第六章 生态文明建设架构下优化我国节能减排税收政策建议

此外，借鉴对原油、天然气、煤炭实行从价计征的宝贵经验，待时机成熟后，切实建立起资源税收入随资源收益的浮动而浮动的调节机制，以更好地发挥资源税在调节资源利用方面的作用。全面改革资源税，包括扩大资源税的征收范围，提高资源税的税率水平。

二、加大企业所得税优惠（生产运行阶段）

在生产阶段，主要通过对企业所得税的调整，实现有增有减，有保有压。

加大企业所得税的优惠比重，提升企业节能减排技术水平，降低工业能耗率。

（一）建立使用节能产品的奖惩机制

在企业生产阶段，大力鼓励企业使用节能产品，建立退税和增税的奖惩机制。一方面，鼓励企业不使用存在隐性污染的产品，而选用非能耗、非污染的节能产品，并给予适当的退税。另一方面，对选用超标的环境污染产品的企业不予以税收减免，还适当进行增税。可以说，这是从企业所得税的政策约束角度出发而设计的。

（二）加大企业对节能减排投资的优惠

为了鼓励企业对节能减排的投资，加大对生产和制造节能设备和产品企业的所得税优惠力度，包括税前抵扣、税收投资抵免、再投资退税等。一是加大对节能设备和产品研发费用的税前抵扣比例，如规定企业当年发生的用于节能设备的研发费用可以在企业所得税前列支，并且建立研发专项基金，用于支持企业研发节能设备。二是加大对环保投资的抵免力度，企业为了保护环境减少污染而优化生产工艺或者购买设备等支出允许抵扣。允许企业对环保事业的捐赠全额税前扣除。三是对环保设备以及生产环境保护型产品的设备采用加速折旧法计提折旧，对于污水处理厂和垃圾处理厂的固定资产也采用加速折旧法计提折旧。四是对企业生产符合国家产业政策所规定产品取得的销售收入给予税收抵免。对企业提供生产节能环保设备相关技术培训服务取得的收入给予税收优惠，可以在计算应纳税额时允许减计收入。

三、拓展消费税（产品销售阶段）

在产品销售阶段，大力拓展消费税的征税范围，适当提高消费税的税率，减少污染产品的生产，从而抑制污染产品消费。

（一）扩大消费税征税范围

为促进企业节能减排，加大消费税的征税范围。对日常生活中存在的大量高耗能产品或者高污染消费品应当征收消费税，以对消费行为加以限制，减少高耗能、高污染设备或产品的使用。比如说对环境影响较大的有焦炭、火电、煤焦、塑料袋、一次性餐饮容器等，这类商品应纳入消费税的征收范围，这些产品的生产和使用过程都会产生污染或者消耗大量能源，通过征收消费税的形式来限制其使用是一个一举多得的方法。其中，煤炭是我国最主要的消费能源，也是一个主要的污染源，其使用过程会排放大量的二氧化碳和二氧化硫污染环境，应根据不同品质煤炭对环境的影响程度确定税额。对于清洁煤炭免征消费税，以鼓励清洁能源的推广使用，而对产生高污染的煤炭课以高税限制生产使用，这样可以缓解我国煤炭消费的压力，并且推广清洁能源的使用，提高煤炭的综合利用率，更好地发挥消费税对节能减排的促进作用。另外，我国主要的发电能源为煤炭，针对我国居民电力消费逐年增长这一现实，可以对用电功率大的电器产品征收消费税，但是对日常生活必需品可以在推行初期实行免税政策。

（二）调整消费税的税率

根据产品对环境影响程度的不同设置不同的消费税率，可以对高能耗、高污染或者由不可再生资源生产的产品征收高税率，通过价格机制使此种产品涨价，达到抑制消费的目的，进而产生节约能源保护环境的效用。而对可循环利用能源生产的产品或者环境友好型产品征收低税率甚至免税，提倡对该消费品的使用。例如，对于大排量越野车、游艇等高能耗、高污染消费品可以大幅度提高税率，对于氢能和太阳能动力车辆等绿色能源车辆可以适当降低税率。对于成品油的消费，可以将从量计征改为从价计征，使税负水平随着油价的浮动而浮动，并在整体上提高成品油的税负水平，拉开含铅汽油和无铅汽油的税负差距，这样可以在一定程度上提高消费者保护环境的自觉性，寻找节能环保型的替代产品。另外，根据交通工具对环境污染程度的不同，分别以不同税率征税。对于使用清洁能源的车辆或者安装尾气装置的小轿车设定一定的减征比率，以更好地促进节能减排。因此，适当调整消费税税率，充分发挥消费税在引导消费方向和促进节能减排工作上的作用。

四、修正增值税（废弃物处理阶段）

修正部分增值税项目的征税税率，适当赋予废弃物综合利用产品的税收优惠，促进资源回收利用。

（一）增值税优惠

建立合理的增值税优惠政策体系。对节能减排效果明显的产品给予较大优惠，如对可再生能源企业和产品给予增值税减免优惠，降低增值税税率。而对石油液化气、天然气和居民用煤炭制品等能源产品以及化肥、农药等高污染产品给予的低税率优惠措施，不利于消费者节能减排意识的建立，应取消这类税收优惠。在有关出口退税的政策上，对出口高能耗、高污染产品的企业，可以降低其退税率，以减少其出口。对于生产型企业，应该制定产品单项和综合消耗定额，如果超过产品消耗标准，进项税额不得完全抵扣，甚至不得抵扣。

（二）增值税差别税率

采取增值税差别税率政策。具体来说，同一类型的产品，可以对环境友好型产品征收低税率，对环境污染较大的产品征收高税率，也即根据其对环境影响程度的不同而征收不同税率。例如，对使用柴油和汽油等高污染燃料的汽车产品实行高税率，对使用乙醇、氢气和石油液化气等清洁燃料的汽车产品实行低税率，以此推广清洁能源进而达到节能减排的目的。在很多情况下不同产品可以相互替代，那么对于环境友好型或者节能型产品征收低税率，对于耗能高或者有环境污染的产品征收高税率，可以对产品价格产生影响，那么通过价格机制能够更好地调控市场对产品的需求。例如在普通市民眼里摩托车和电动车是可以相互替代的，那么假使对摩托车征高税，对电动车征收低税，就可以很好地鼓励广大群众使用电动车，并达到节能减排效果。另外，燃料电池和太阳能汽车能够很好地实现节能减排的效果，甚至给汽车产业带来深远的意义，因此可以实行"零税率"来鼓励该产业的发展。

第三节 其他配套措施

节能减排是涉及社会经济生活方方面面的系统性工程，不能一蹴而就，需要其他配套措施辅助加以实现。为此，笔者建议从去产能加优化产业结构、开征环保税、能源价格改革和合同能源管理四个方面一齐用力，真正实现节能减排这一终极目标。

一、去产能、优化产业结构

"十三五"期间，中国经济步入新常态，原本依靠低成本劳动力和低端产业的发展方式已经难以为继，经济发展面临换挡节点，产业结构调整迫在眉睫。对一些产能严重过剩，已经不符合未来发展的高污染、高耗能产业，国家应主动进行调整。为此，各地政府都在努力推进节能减排工作，积极采取各种措施提高能源的单位产出率，优化产业结构。

去产能，化解产能过剩已成为当务之急。当前石油石化、煤炭、有色金属等行业普遍存在产能过剩。化解过剩产能，处置"僵尸企业"，建立合理退出机制，疏堵结合去产能。一方面，提高某些行业的进入难度，阻止新产能形成，对高耗能行业的过剩产能要逐步消除并化解，新增产能一定要按照环保法强制淘汰。另外，也有些行业存在结构性过剩，即"低端过剩、高端不足"，这必然要求产业转型升级。另一方面，对高耗能行业实施差别化，让原先忽略的环境成本内部化，让业已形成的过剩产能"知难而退"，淘汰落后产能，建立淘汰落后机制，从高耗能行业的上下游产业链入手，从源头到末端来化解过剩产能，推动产业升级。

去产能，就是要调整并优化产业结构。积极主动应对结构调整，在各领域推进市场化改革，依靠市场竞争建立落后产能退出机制，同时发展市场更需要的环保、低耗、高效的新产业，大力发展高新技术产业、绿色环保产业、服务产业。加快步伐促进产业结构升级，对产能过剩、高污染的行业实行严格的市场准入机制，大力推动低碳高效的产业的发展。同时，全面启动节能行动计划，促进节能减排行动的有效推进并且整治重点污染行业，逐步开展排污权有偿使用和交易工作，提高排污费征收标准，以倒逼高污染企业进行改革或者淘汰落后产能，优化产业结构。

二、开征环境税

虽然我国有节能减排方面的税收政策，但正式出台的环境税却迟迟没有。有关资源与环境方面的税收都零星分散在资源税、增值税、消费税、车船使用税、车辆购置税等方面。而正式的环境税，可以使人们有效树立起保护环境的理念，纠正环境资源使用过程中的外部性问题。因此，开放环境税，并与节能减排有关的其他政策以及相关税收政策结合起来，建立能够保护环境的完善政策体系。

借鉴发达国家的成功经验，我国拟开征环境税，包括大气污染税、水污染税、固体污染税和噪声税等。

第一，开征大气污染税。我国可以适当借鉴国外的成功经验，针对污染严重的机动车尾气排放，有必要开征二氧化碳税、二氧化硫税、氮氧化物税和机动车尾气排放税等。

第二，开征水污染税。我国目前只有针对工业废水的排放收费，且收费标准偏低，不利于有效整治水体污染行为。因此有必要开征水污染税，限制工业排放污水的行为，且应当将居民生活排放污水纳入在内，以增强人们保护环境、节约用水的意识，是一举多得的良策。

第三，开征固体废弃物税。开征固体废弃物税既可以减少人们随意丢弃固体废弃物造成污染的行为，又可以促使人们思考各种有效办法对废弃物循环再利用，减少浪费，还能为垃圾的搬运处理筹集资金，因此有必要开征固体废弃物税。

第四，开征噪声税。针对产生超过一定分贝噪声的公共或私人部门开征噪声税，通常来说，可以对建筑工地以及汽车、火车、航空公司等生产噪声的企业、部门征收噪声税。这样可以在一定程度上增加企业降低噪声的意识，征税获得的资金也可以用于建立隔音屏障，保护受噪声直接干扰的居民。

第五,为了保护环境,开征环境税。开征环境税,有助于健全我国的绿色税收体系,促进企业的节能减排,有效调节经济发展与保护环境资源。因此,生态文明建设,必须实行严格的源头保护制度,完善环境治理和生态修复,利用价格这一调节市场行为的有力杠杆,通过资源税和环境保护费改革,将高耗能、高污染产品纳入征税范围。开征环境税,切实保护生态环境,建立生态文明制度体系。

三、推进能源价格改革

价格机制是市场经济环境中调节市场行为的有力杠杆。然而,在当前我国能源市场中的能源价格,没有正确反映能源的稀缺程度,也没有正确反映市场供求,更没有显现出绿色发展要求下的公正合理能源价格。而从另一角度看,我国能源稀缺已经严重影响到经济社会的可持续发展。

完善市场中的能源价格形成机制,使其更好地反映资源的真实稀缺程度和环境损害成本,建立合理的价格约束机制,对于实现经济社会可持续发展和近年来的绿色协调发展理念有重大意义。

推进能源的市场化改革,积极推行差别化水、电、气等资源价格政策。充分发挥市场在价格形成过程中的作用,有利于正确反映能源的供求关系和当前环境下资源的稀缺性,使资源与最终产品之间的关系更加合理。对水、电、天然气等能源的价格调整能够使资源合理配置,减少对稀缺资源的浪费,提高能源使用效率,让人们树立起节约能源的意识。

四、优化合同能源管理

近年来,能源消耗日益增多,温室效应引发的全球气候变暖已成热点。为节约利用能源,降低能耗费用,合同能源管理应运而生。合同能源管理在发达国家运用得非常好,通过市场来达到节约能源的目的。合同能源管理节能是指节能服务公司与用户订立契约,节能服务公司为用户提供节能服务,用户以节能效益支付节能服务公司的投入及其合理利润的节能服务机制。

2010年,国务院正式发布《关于加快推行合同能源管理促进节能服务产业发展的意见》,对合同能源管理项目给予财政支持和税收优惠政策。合同能

第六章　生态文明建设架构下优化我国节能减排税收政策建议

源管理是一种减少能源费用的节能服务机制。与传统节能项目相比，合同能源管理专业、系统的技术和服务实现更加有效的节能，项目节能率一般在10%~40%，最高可达50%。这种基于市场的合同能源管理机制，有效地刺激了企业节能减排的动力，还提升了企业节能减排的效率。推行合同能源管理，能够有效促使企业节约能源，而且还带来减排的收益，实现企业与社会的"多赢"。

综上所述，从节能减排目的出发，利用好税收政策，通过一系列配套措施的逐步推进，建立起全民的保护环境和节约能源意识，走出一条"既要金山银山更要绿水青山"的生态文明之路。

本章小结

本章主要介绍的是生态文明建设架构下优化我国节能减排工作的税收政策建议。主要包括生态文明视角下节能减排税收政策的目标定位，以及我国节能减排的税收政策建议。从企业生产运作阶段看，资源税改革的定位是提高企业使用化石能源的成本，减少化石能源的使用率，增加可再生能源的使用比例。企业所得税改革的定位是引导企业加大技术更新和改造，淘汰落后产能，提高科技含量，鼓励节能环保产品的生产。消费税改革的定位是尽快将污染类产品纳入征税范围，提高高能耗、高污染产品的使用成本，鼓励清洁产品的销售。增值税改革的定位是修正部分增值税项目的征税税率，适当赋予废弃物综合利用产品以税收优惠，以促进资源回收利用。各环节多管齐下，共同构建全流程、广覆盖的工业企业节能减排的税收政策体系。同时，配合相关配套措施，包括去产能加优化产业结构、开征环保税、能源价格改革和合同能源管理，共同打造完整的节能减排新体系。

参考文献

[1] Andrews-Speed P. China's Ongoing Energy Efficiency Drive: Origins, Progress and Prospects [J]. Energy Policy, 2009, 37 (4): 1331-1344.

[2] Anil Markandya, Ramon Arigoni Ortiz, Shailendra Mudga, et al. Analysis of Tax Incentives for Energy-efficient Durables in the EU [J]. Energy Policy, 2009, 37 (12): 5662-5674.

[3] Bamoul, W. J. &W. E. Oates. The Use of standards and Prices for Protection of the Environment [J]. Swedish Journal of Economics, 1971 (3): 141-159.

[4] Bbltagi, B. H. Econometrics, 2nd Revised Edition [M]. Springer, 1999.

[5] Beerepoot M., Beerepoot N. Government Regulation as an Impetus for Innovation: Evidence from Energy Performance Regulation in the Dutch Residential Building Sector [J]. Enemy Policy, 2007, (35): 4812-4825.

[6] Bernadette M. Horton. Role of Taxes in Energy Production and Conservation [M]. Nova Science Publishers Inc., 2011.

[7] Bovenberg, A. L, Mooij, R. A. Environmental Levies and Distortionary Taxation [M]. American Economic Review, 1994: 1085-1089.

[8] Brita Bye. Environmental Tax Reform and Producer Foresight: An Intertemporal Computable General Equilibrium Analysis [J]. Journal of Policy Modeling, 2000, 22 (6): 719-752.

[9] Burrows. The Economic Theory of Pollution Control [M]. Guildford: Billings and Sons Limited, 1979: 84-107.

[10] Carlo Carraro, Gilbert Metcalf. Behavioral and Distributional Effects of Environmental Policy [M]. University of Chicago Press, 2000.

[11] Christian Lutz, Bernd Meyer. Environmental Tax Reform in the European Union: Impact on CO_2 Emissions and the Economy [J]. Z. Energiewirtsch, 2010 (34): 1-10.

[12] David I. Stern. Energy and economic growth in USA: A multivariate approach [J]. Energy Economics, 1993, 15 (2): 30-38.

[13] Dwight R. Lee, Walter S. Misiolek. Substituting Pollution Taxation for General Taxation [M]. The Journal of Environmental Economics and Management, 1985: 338-347.

[14] Gilbert Metcalf. U.S. Energy Tax Policy [M]. Cambridge University Press, 2010.

[15] Gopal Bandyopadhyay, Fathollah Bagheri, Michael Mann. Reduction of Fossil Fuel Emissions in the USA: A Holistic Approach Towards Policy Formulation [J]. Energy Policy, 2007, 35 (2): 950-965.

[16] Goulder, Lwrence. H. Environmental Taxation and The Double Dividend: A Reader's Guide [M]. Public Economics and The Environment in an imperfect World, 1995: 196-237.

[17] Gujarati, D. N. Basic Econometrics, 3rd ed. [M]. McGraw-Hill, 1995.

[18] Gujarati, D. N. Essentials Econometrics, 2nd ed. [M]. McGraw-Hill, 1999.

[19] Hall, Robert E., Jorgenson. Dale W. Tax Policy and Investment Behavior: Reply and Further Results [M]. American Economic Review, 1969, 59 (3): 388-401.

[20] Herman R. J. Vollebergh. Lessons from the Polder: Energy Tax Design in The Netherlands from a Climate Change Perspective [J]. Ecological Economics, 2008, 64 (3): 660-672.

[21] Holemans, B., L. Sleuwaegen. Innovation Expenditures and the Role of Government in Belgium [J]. Research Policy, 1988 (17): 375-380.

[22] Jacob Klok, Anders Larsen, Anja Dahl. Ecological Tax Reform in Denmark: History and Social Acceptability [J]. Energy Policy, 2006 (34): 905–916.

[23] James Randall Kahn, Dina Franceschi. Beyond Kyoto: A Tax-based System for the Global Reduction of Greenhouse Gas Emissions [J]. Ecological Economics, 2006, 58 (4): 778–787.

[24] Jeffrey A. Drezner. Designing Effective Incentives for Energy Conservation in the Public Sector [M]. California: Doctor Dissertation of The Claremont Graduate University, 1999: 660–672.

[25] J. Peter Neary. International Trade and the Environment: Theoretical and Policy Linkage [J]. Environmental and Resource Economics, 2006 (33): 95–118.

[26] Korhonen P. J., Syrjanen M. J. Evaluation of Cost Efficiency in Finnish Electricity Distribution [J]. Annals of Operations Research, 2003, 121 (1–4): 105–122.

[27] Li Dongyan. Fiscal and Tax Policy Support for Energy Efficiency Retrofit for Existing Residential Buildings in China's Northern Heating Region [J]. Energy Policy, 2009, 37 (6): 2113–2118.

[28] Lindahl E. Edited by R. Musgrave and A. Peacock Just Taxation-A Positive Solution. English translation of Portion of Die Gerechtigkeit der Besteuerung, in Classics in the Theory of Public Finance [M]. New York: MacMillan, 1958: 168–176.

[29] Miranda M. L., Hale B. A Taxing Environment: Evaluating the Multiple Objectives of Environmental Taxes [J]. Environmental Science & Technology, 2002, 36 (24): 5289–5295.

[30] Pigou A. C. The Economics of Welfare [M]. London: Macmillan, 1920: 125–269.

[31] Pindyck, R. S. & D. L. Rubinfeld. Econometric Model and Economic Forecasts 4th ed. [M]. The McGraw-Hill Company, 1997.

[32] Qiang Wang, Yong Chen. Energy Saving and Emission Reduction Revo-

lutionizing China's Environmental Protection [J]. Renewable and Sustainable Energy Reviews, 2010, 14 (1): 535-539.

[33] R. Bettle, C. H. Pout, E. R. Hitchin. Interactions between Electricity-saving Measures and Carbon Emissions from Power Generation in England and Wales [J]. Energy Policy, 2006, 34 (18): 3434-3446.

[34] Robert. E. Hall, Dale. W. Jorgenson. Tax Policy and Investment Behavior [J]. American Economic Review, 1967 (3): 391-414.

[35] Rob Hart. The Timing of Taxes on CO_2 Emissions When Technological Change is Endogenous [J]. Journal of Environmental Economics and Management, 2008, 55 (2): 194-212.

[36] Ru-yin Long, Lan Yu. Study on Regulation Design about Energy-saving and Emission-reduction Based on Game Theory [J]. Procedia Earth and Planetary Science, 2009, 1 (1): 1641-1646.

[37] Samuelson. The Pure Theory of Public Expenditure [M]. Review of Economics and Statistics, 1954: 350-560.

[38] Scott R. Milliman, Raymond Prince. Firm Incentives to Promote Technological Change in Pollution Control [J]. Journal of Environmental Economics and Management, 1989, 17 (3): 247-265.

[39] Seddighi, H. R., K. A. Lawler, A. V. Katos. Econometrics: A Practical Approach [M]. Routledge, 2000.

[40] Sehlegelmilch K. Energy Taxation in the EU and Some Member States: Looking for Opportunities Ahead [J]. Manuscript from Wuppertal Institute, 1998 (5): 56-83.

[41] S. Giblin, A. McNabola. Modelling the Impacts of a Carbon Emission-differentiated Vehicle Tax System on CO_2 Emissions Intensity from New Vehicle Purchases in Ireland [J]. Energy Policy, 2009, 37 (4): 1404-1411.

[42] Tim Callan, Sean Lyons, Susan Scott, Richard S. J. Tol, Stefano Verde [J]. The Distributional Implications of a Carbon Tax in Ireland. Energy Policy, 2009, 37 (2): 407-412.

[43] Tinbergen J. Economic Policies: Principles and Design [M]. Amsterdam: North-Holland, 1956.

[44] Tom Tietenberg, Lynne Lewis. Environmental and Natural Resource Economics 11th [M]. Routledge, 2018.

[45] Vlasis Oikonomou, Catrinus Jepma, Franco Becchis, Daniele Russolillo. White Certificates for Energy Efficiency Improvement with Energy Taxes: A Theoretical Economic Model [J]. Energy Economics, 2008, 30 (6): 3044-3062.

[46] William H. Green. Econometric Analysis, third edition [M]. Prentice-Hall International Inc., 1997.

[47] 安体富，蒋震．促进节能减排的税收政策：理论、问题与政策建议 [J]．学习与实践，2008（10）．

[48] 庇古．福利经济学 [M]．北京：华夏出版社，2007：5-49．

[49] 财政部税收制度国际比较课题组．日本税制 [M]．北京：中国财政经济出版社，2000．

[50] 财政部税制税则司．国际税制考察与借鉴 [M]．北京：经济科学出版社，1999．

[51] 常夷．基于节能减排新经济模式的绿色税收政策 [J]．经济论坛，2009（2）：11-12．

[52] 陈洪宛，张磊．我国当前实行碳税促进温室气体减排的可行性思考 [J]．财经论丛，2009（1）．

[53] 邓子基．低碳经济与公共财政 [J]．当代财经，2010（4）：5-10．

[54] 董园园．企业节能减排效果与税收政策关联关系研究 [D]．华北电力大学，2010．

[55] 窦贺展．广西市域工业经济差异研究 [D]．广西大学，2014．

[56] 杜小伟．节能减排的政策构建——基于环境管制的视角 [J]．生态经济，2013（6）：67-71．

[57] 樊俊徽，胡心堰．各阶段我国节能减排税收政策及其问题 [J]．经营与管理，2014（12）：22-23．

[58] 付剑茹，曹胜芳．我国节能减排税收政策的不足及改革思路 [J]．

财会月刊, 2013（2）: 45-46.

[59] 傅志华. 促进低碳经济发展的财税政策体系建设[J]. 中国财政, 2010（8）: 45-46.

[60] 高慧. 我国宏观税负构成的分析与调整[J]. 时代经贸（学术版）, 2006（12）.

[61] 高萍. 丹麦"绿色税收"探析[J]. 税务研究, 2005（4）: 91-94.

[62] 高萍. 征收环境保护税是实现可持续发展的需要[J]. 税务研究, 2004（5）.

[63] 郭存芝, 孙康. 税收优惠的节能减排效应——基于省级面板数据的实证分析[J]. 资源科学, 2013, 35（2）: 261-267.

[64] 郝芳. 工业企业节能减排的税收政策研究——以河北省为例[D]. 河北经贸大学, 2012.

[65] 何利辉, 唐海秀. 促进节能减排的财税政策与建议[J]. 财金研究, 2009（16）: 17-18.

[66] 宦静. 企业节能减排税收政策研究[D]. 浙江大学, 2009.

[67] 黄英娜, 郭振仁, 张天柱. 应用CGE模型量化分析中国实施能源环境税政策的可行性[J]. 城市环境与城市生态, 2005, 18（2）: 18-20.

[68] 黄艳民. 促进节能减排的税收政策研究[D]. 天津财经大学, 2010.

[69] 康宽福. 促进我国企业节能减排的税收政策研究[D]. 江西财经大学, 2010.

[70] 孔姝涵. 基于循环经济理论的节能减排税收政策研究[J]. 河南师范大学学报, 2013, 41（1）: 95-97.

[71] 匡小平, 罗晓华. 世界各国节能减排税收政策的比较分析及对我国的启示[J]. 山东经济, 2008（2）: 38-41, 65.

[72] 李国志. 日本发展低碳经济的财政政策及借鉴[J]. 当代经济管理, 2014, 36（1）: 94-97.

[73] 李蒙. 促进我国节能减排的税收政策研究[D]. 集美大学, 2012.

[74] 李蒙. 论低碳经济下我国资源税的改革[J]. 西安财经学院学报, 2011, 24（2）: 124-128.

[75] 李绍萍. 高耗能企业节能减排税收政策效应实证研究 [J]. 工业技术经济, 2014 (6).

[76] 李文, 樊丽明. 中国工业化进程中的税制绿化 [J]. 税务研究, 2006 (3): 6-10.

[77] 李徐润. 完善绿色消费税制的思路和建议 [J]. 涉外税务, 2010 (5): 26-29.

[78] 李迎春. 我国节能减排税收政策效应研究 [J]. 当代财经, 2012, 330 (5): 26-33.

[79] 梁季. 节能减排税收政策研究 [J]. 山东经济, 2008 (2): 42-46.

[80] 凌岚. 促进节能减排税收政策研究 [J]. 涉外税务, 2010 (5): 14-17.

[81] 刘方. 节能降耗税收政策的实证研究 [J]. 东方企业文化, 2011 (18): 259-261.

[82] 刘虎, 朱志钢. 制定和完善鼓励节能减排的税收政策 [J]. 税务研究, 2007, 270 (11): 83-84.

[83] 刘清鑫. 对促进工业节能减排税收政策的思考 [J]. 税务研究, 2008, 282 (11): 44-46.

[84] 刘助仁. 部分发达国家推动节能减排的主要经验及对我国的启示 [J]. 中国发展观察, 2007 (11): 56-59.

[85] 吕文斌. 英国能源利用、气候变化及提高能效的政策及启示 (下) ——赴英参加志奋领奖学金"更有效的能源利用"培训报告 [J]. 节能与环保, 2007 (10): 12-15.

[86] 罗红. 完善我国节能减排税收政策的探讨 [J]. 宏观经济管理, 2010 (3): 45-47.

[87] 罗惠方. 节能减排税收政策对经济增长影响的研究 [D]. 江西财经大学, 2014.

[88] 马海涛, 白彦锋. 我国征收碳税的政策效应与税制设计 [J]. 地方财政研究, 2010 (9): 19-24.

[89] 马海涛. 论促进节能减排的财税政策改革 [J]. 财经论丛, 2010 (2).

[90] 马杰, 陈迎. 碳税减排温室气体的重要税收制度 [J]. 涉外税务,

1999（10）：9-13.

[91] 梅运彬，刘斌．环境税的国际经验及对我国的启示 [J]．武汉理工大学学报，2011（2）：132-135.

[92] 倪红日．节能减排与体制改革 [J]．浙江经济，2009（24）：40.

[93] 倪红日．运用税收政策促进我国节约能源的研究 [J]．税务研究，2005（9）：3-6.

[94] 彭玉凤．消费税在节能减排中的作用分析 [J]．经济论坛，2008（12）：108-109.

[95] 齐良书．发展经济学 [M]．北京：中国发展出版社，2002.

[96] 齐志新，陈文颖，吴宗鑫．工业轻重结构变化对能源消费的影响 [J]．中国工业经济，2007（2）：35-42.

[97] 钱淑萍．从转变经济增长方式到转变经济发展方式及其财税对策思考 [J]．江西财经大学学报，2008（4）：24-27.

[98] 秦美峰．国际低碳税收政策经验及对我国的启示 [J]．商业会计，2012（18）：6-8.

[99] 任雅娟．以经济手段推动实现节能减排——环保税收优惠政策的优化策略 [J]．环境保护，2013（12）：46-47.

[100] 盛丽颖，杨志安．中国碳减排税收政策的效应分析 [J]．社会科学辑刊，2012，200（3）：157-159.

[101] 盛丽颖．中国碳减排财政政策研究 [D]．辽宁大学，2012.

[102] 石建华．国外利用财税政策支持节能的措施及实践 [J]．涉外税务，2004（10）：50-53.

[103] 史耀武．税收政策要鼓励"节能减排" [J]．预算管理与会计，2007（12）：3-6.

[104] 宋效中，姜铭．节能税收政策的国际经验及对我国的启示 [J]．经济纵横，2007（2）：71-73.

[105] 苏明，傅志华，包全永．鼓励和促进我国节能事业的财税政策研究 [J]．财政研究，2005（2）：33-37.

[106] 苏明，傅志华，许文．碳税的国际经验与借鉴 [J]．环境经济，

2009（9）：28-32.

[107] 苏明，傅志华. 中国节能减排的财税政策研究 [M]. 北京：中国财政经济出版社，2008：236-298.

[108] 孙岚岚. 促进区域经济协调发展的税收政策研究 [D]. 东北财经大学，2006.

[109] 孙哲. 中国节能减排财税政策的思考 [J]. 辽宁科技大学学报，2011（4）：424-427.

[110] 田智宇，杨宏伟. 完善绿色财税金融政策的建议 [J]. 宏观经济管理，2013（10）：24-26.

[111] 王超. 新疆产业结构变迁与生态环境系统协调性研究 [D]. 石河子大学，2010.

[112] 王金南，葛察忠，高树婷，孙钢等. 环境税收政策及其实施战略 [M]. 北京：中国环境科学出版社，2006：131-167.

[113] 王金南，葛察忠，高树婷等. 中国独立型环境税方案设计研究 [J]. 中国人口·资源与环境，2009（2）：69-72.

[114] 王金南. 排污收费理论学 [M]. 北京：中国环境科学出版社，1997：46-52.

[115] 王倩. 高耗能企业节能减排税收政策效应实证研究 [D]. 东北石油大学，2014.

[116] 王秋红，耿广猛. 节能减排税收政策的探讨 [J]. 生态经济，2012（2）：150-152.

[117] 王文佳，王飞飞. 促进我国节能减排的税收政策研究 [J]. 知识经济，2013（1）：64.

[118] 王燕，王煦，王婧. 日本碳税实践及对我国的启示 [J]. 税务研究，2011，311（4）：86-88.

[119] 邬承峰，卢叶帆. 工业企业运作流程各阶段的节能减排税收政策 [J]. 经营与管理，2014（12）：18-19.

[120] 吴帅. 基于参与主体的节能减排税收政策研究 [D]. 武汉理工大学，2013.

[121] 武亚军，宣晓伟. 税收政策经济理论以及对中国的应用分析 [M]. 北京：经济科学出版社，2002：34-51.

[122] 席卫群. 节能减排税收政策的有效性分析——基于工业高耗能行业数据 [J]. 当代财经，2014（6）：5-12.

[123] 夏璐. 浅议"后哥本哈根时代"中国碳税之路——以国际碳税税制比较为视角 [J]. 贵州警官职业学院学报，2010（4）：26-28.

[124] 许景婷，张兵. 我国节能减排税收制度研究——基于循环经济视角 [J]. 生产力研究，2011（7）：93-94.

[125] 杨坤. 低碳经济发展模式下的税收政策研究 [J]. 会计之友，2013（1）：96-98.

[126] 杨林，王莹. 促进企业节能减排的税收政策选择 [J]. 财政研究，2011（3）：14-17.

[127] 雍新艳. 促进节能减排的必要性及政策探讨 [J]. 现代经济信息，2008（9）：50-51.

[128] 张彩庆，董园园. 节能减排与税收政策的灰色关联分析 [J]. 华东电力，2010，38（8）：1123-1125.

[129] 张程，马志良. 碳税理论及其实践经验借鉴 [J]. 山东财政学院学报，2012（4）：31-37.

[130] 张佳骝. 促进节能减排税收政策的优势与效果分析 [D]. 沈阳大学，2010.

[131] 张磊，蒋义. 促进节能减排的税收政策研究 [J]. 中央财经大学学报，2008（8）：6-11.

[132] 张磊. 税收促进节能减排的实证研究和政策建议 [J]. 能源技术与管理，2012（1）：157-160.

[133] 张丽，杜培林，郝妍. 环境税的国际实践经验及借鉴 [J]. 财会研究，2011（19）：20-22.

[134] 张明文，张金良，谭忠富. 碳税对经济增长、能源消费与收入分配的影响分析 [J]. 技术经济，2009，28（6）：48-51.

[135] 张世秋. 可持续发展的经济手段：可持续发展论 [M]. 北京：中

国环境科学出版社，1997：127-235.

[136] 张新. 我国节能减排税收政策的改革策略与实施途径 [J]. 南京审计学院学报，2009，6（4）：27-34.

[137] 张兆国，靳小翠，李庚秦. 低碳经济与制度环境实证研究 [J]. 中国软科学，2013（3）：109-119.

[138] 张哲思. 促进企业节能减排税收政策研究 [D]. 云南财经大学，2013.

[139] 张志仁. 中国能源税制改革的趋势分析 [J]. 环境经济，2004（4）：48-50.

[140] 郑洁. 低碳经济理念下的税收政策思考 [J]. 重庆科技学院学报，2013（1）：83-85.

[141] 郑凌铁，张德刚. 发达国家节能减排的环保税收政策研究 [J]. 中国新技术新产品，2010（7）：210.

[142] 钟希余，谈敏. 发达国家不同能耗模式及节能税收政策研究 [J]. 税务与经济，2007，154（5）：96-100.

[143] 仲光. 促进节能减排的税收政策研究 [D]. 河北大学，2010.

[144] 周金荣. 促进节能减排的税收政策研究 [J]. 税务与经济，2009（3）：100-103.

[145] 周明宇. 完善我国节能减排税收政策的思考 [J]. 中国财政，2010（7）.

[146] 朱锡杰. 用好税收政策·鼓励节能减排 [J]. 中国税务，2013（12）：73.

[147] 朱宇方. 浅谈德国的生态税收改革 [J]. 德国研究，2000（3）.

[148] 朱云欢. 促进高新技术企业发展的税收政策研究 [J]. 工业技术经济，2011（3）：73-78.